Topsch · Grundwissen für Schulpraktikum und Unterricht

- Petition
- Vollmacht Gym.

Die Reihe »Studientexte für das Lehramt«
wird herausgegeben von Eiko Jürgens

Wilhelm Topsch

Grundwissen für Schulpraktikum und Unterricht

2. Auflage

Dr. *Wilhelm Topsch*, Jg. 1941, ist Professor für Theorie und Praxis
der Primarstufe an der Carl von Ossietzky Universität Oldenburg.

Lektorat: Peter E. Kalb

2., überarbeitete und erweiterte Auflage 2004
Die 1. Auflage ist unter ISBN 3-472-04590-6 im
Hermann Luchterhand Verlag GmbH, Neuwied/Kriftel erschienen

© 2004 Beltz Verlag · Weinheim und Basel
www.beltz.de
Herstellung: Klaus Kaltenberg
Satz: Druckhaus »Thomas Müntzer«, Bad Langensalza
Druck: Beltz Druckpartner, Hemsbach
Umschlaggestaltung: Federico Luci, Odenthal
Umschlagabbildung: Visum, Hamburg
Printed in Germany

ISBN 978-3-407-25363-7

Inhaltsverzeichnis

1 Einleitung

»Ich hatte ge-
mischte Gefühle:
Einerseits hatte
ich Lust auf Pra-
xis, andererseits
war die Organi-
sation wirklich
chaotisch ...«

»Meine Befürch-
tungen: Werden
mich die Kinder
ernst nehmen ...«

»Ich glaube das
war das gleiche
Gefühl wie an
meinem ersten
Schultag, aber
dann dachte ich:
Es wird schon
schief gehen ...«

Viele Ihrer bisherigen Lebenserfahrungen sind direkt oder indirekt mit Schule verknüpft. Als Schülerin oder Schüler haben Sie Unterricht über Jahre hinweg aus nächster Nähe erfahren. Sie haben Höhen und Tiefen, Pannen, Pleiten, Reinfälle ebenso erlebt wie Ideen, Innovationen und Einfälle. Sie haben gelernt, dass Lehrer auch bloß Menschen sind, und manchmal den Eindruck gewonnen, dass die besondere Leistung der Schule darin zu liegen scheint, der nachfolgenden Generation zu ausreichender Frustrationstoleranz zu verhelfen. Sie haben motiviert und selbstbestimmt Einsichten erworben, zusammenhangslos, fremdbestimmt und ohne Motivation Fakten gebüffelt, einfallsreich getrickst und stumpf geschummelt. Sie wissen, welche Fächer Ihnen mehr und welche Ihnen weniger »liegen«. Mit anderen Worten: Sie kennen die Licht- und Schattenseiten – und wollen trotzdem oder gerade deshalb diesen Beruf ergreifen.

In kaum einem anderen Studienfach oder Berufsfeld können Studierende und Berufsanfänger eine vergleichbar große Vorerfahrung aufweisen: Das ist sicherlich zutreffend, aber Sie wissen auch, dass dies nur die halbe Wahrheit ist. Die Aufgaben- und Kompetenzfelder des Lehrerberufes haben Sie in Ihrem Schülerleben nur unvollständig und dann auch nur von der Komplementärseite her kennen gelernt. Nun bereiten Sie sich selbst auf den Lehrerberuf vor – und das ist etwas anderes. Mit Sicherheit haben Sie inzwischen erkannt, dass Sie einen Beruf anstreben, der nicht nur Sonnenseiten hat. Sie haben einen Beruf mit vielen inneren Widersprüchen gewählt, - einen Beruf, bei dem »richtige« Entscheidungen oder »falsche« Entscheidungen oftmals nur eine Frage des Blickwinkels zu sein scheinen.*

Erfreulicherweise können Sie im Beruf der Lehrerin oder des Lehrers aber auch viel Anerkennung finden. Er zählt zwar nicht zu den Spitzenberufen der Einkommenshierarchie, aber in der öffentlichen Meinung liegt er sehr weit oben. In der Berufsprestigeskala eines renommierten Meinungsforschungsinstitutes für das Jahr 2001 rangierten Grundschul-

---

* Bei den eingestreuten Zitaten handelt es sich teils um schriftliche Rückmeldungen von Lehramtsstudierenden (für die ich hiermit danke), teils um Zitate aus der Literatur.

lehrer/innen auf Rang 6 (*nach* Rechtsanwalt und Unternehmer aber *vor* Atomphysiker, Schriftsteller und Apotheker). Studienräte kamen auf Platz 14 (*nach* Direktor einer großen Firma und Journalist, aber *vor* Offizier und Politiker). Zu den Prestigegewinnern gehörte »vor allem der Beruf des Grundschullehrers«. Damit »wird die mühevolle Arbeit ... in deutlicher Weise anerkannt« (Allensbacher Bericht Nr. 16/2001).

Möglicherweise befinden Sie sich im Rahmen Ihres Lehramtsstudiums gerade in einer Phase der Vorbereitung auf ein Praktikum oder Sie stehen als Anfängerin/Anfänger vor einer Schulklasse und sollen Unterricht erteilen. Sie werden sehr schnell den Eindruck gewinnen, dass in der Pädagogik eine deutliche Kluft zwischen Theorie und Praxis besteht. Im Praktikum ist Ihr Interesse vermutlich vorrangig auf die Bewältigung der Praxis ausgerichtet. Dennoch benötigen Sie eine Basis: Erziehungswissenschaftliche Theorien und fachliches Wissen bilden den Fokus Ihrer Professionalisierung. Erst auf der Grundlage pädagogischer Reflexion entsteht Lehrerhandeln, das sich von naivem Pragmatismus unterscheidet. Planung, Durchführung, Auswertung von Unterricht und der permanente Strom von ad-hoc-Entscheidungen während des Unterrichtens setzen einen großen Fundus von Kenntnissen voraus. Einerseits geht es also ohne Theorien und Fachwissen nicht – andererseits sind erziehungswissenschaftliche Theorien und fachwissenschaftliche Kenntnisse kein Garant für erfolgreichen Unterricht.

Sie werden bemerken, dass Unterricht kein einfacher Sukzessivprozess ist, den man als schlichte »Wenn-Dann-Abfolge« planen und realisieren könnte. Unterricht ist vielmehr ein kaum zu überschauendes Gefüge unterschiedlicher physischer, psychischer und sozialer Elemente, Bedingungen und Interessenlagen, die sich simultan entwickeln und wechselseitig überlagern, unterstützen oder hemmen können. Sie werden relativ schnell erkennen, dass detailliertes Fachwissen zwar eine Voraussetzung für guten Unterricht ist, ihn aber keinesfalls garantieren kann. Vielmehr benötigen Sie bereits in der Situation als Praktikantin oder Praktikant während der ersten Ausbildungsphase – erst recht im Referendariat – einen zutreffenden Überblick über das Ganze des Unterrichtmachens. Für das Praktikum liegt die eigentliche Herausforderung an Sie darin, dass Sie Einblicke in die Kompetenzfelder des Lehrerberufes gewinnen und Handlungserfahrungen erwerben sollen, gleichzeitig aber über Einsichten, Fähigkeiten und Haltungen bereits verfügen müssen, um überhaupt handlungsfähig zu sein. Sie brauchen oft einen zutreffenden Überblick über die Gesamtsituation, um das Einzelne entscheiden oder auch nur einordnen zu können. Mit anderen Worten: Sie müssen die Quadratur des Kreises bewältigen. Ein aussichtsloses Unterfangen? Keinesfalls – aber eine wirkliche Herausforderung, der Sie sich stellen müssen.

> »Erst war ich sehr nervös und aufgeregt. Ich hatte keine Ahnung wie es laufen würde. Aber dann lief es ziemlich gut ...«

> »Zuerst hatte ich den Eindruck, dass es nie leiser werden würde. Später wurde es aber doch ruhiger, und die Kinder machten sogar richtig mit ...«

> »Mein ASP war ein freies Ausprobieren von Unterricht jeder Art ...«

Dabei kommt Ihnen entgegen, dass – um im Bilde zu bleiben – weder das »Quadrat« noch der »Kreis« für das unterrichtliche Handeln abschließend definiert werden können. Die Begriffe »richtig« und »falsch« sind hinsichtlich der Planung, Durchführung und Auswertung von Unterricht – ja, hinsichtlich vieler Phänomene des Lehrerhandelns insgesamt – nur durch ein »mehr oder weniger plausibel begründet« und »mehr oder weniger theorieorientiert argumentiert« zu ersetzen. Ob etwas »richtig« oder »falsch« ist, hängt nicht nur, aber eben auch von Perspektiven, Situationen, Intentionen und Argumentationszusammenhängen ab. Kurz: Sie brauchen bereits für Ihr erstes Praktikum einen schulpädagogischen Erklärungszusammenhang, um die Phänomene des Unterrichts deuten oder steuern zu können. Schon die einfache Frage, wie das Einmaleins mit der Zwanzig (meist Stoff des 3. Schuljahres) am zweckmäßigsten im Unterricht eingeführt, eingeübt und gesichert werden sollte, lässt sich nur im Hinblick auf bestimmte Kinder, die in einer bestimmten Situation unter bestimmten Bedingungen lernen, beantworten. Dabei wird auch sehr schnell klar, dass Ihnen die Fachdidaktik allein nicht alle Fragen beantworten kann. Sie benötigen vielmehr ein schulpädagogisches Koordinatenkreuz – in dessen Mitte übrigens nicht die Lehrenden oder der »Stoff«, sondern die Lernenden stehen.

 Welche Funktion kann der vorliegende Band übernehmen? Seine Absicht ist es, Fakten und Zusammenhänge bereitzustellen, einen Überblick zu vermitteln und unterschiedliche Entscheidungsmöglichkeiten zu eröffnen. Nicht alles steht unter der Perspektive des Unterrichts, denn Ihre schulpraktische Erkundung soll mehr als Unterricht in den Blick bringen. Daher ist der Rahmen weiter gespannt. Er enthält Elemente der Schulpädagogik und will Zugriffe auf deren Theoriebestände eröffnen, ohne dabei eine breitere Einführung in die Schulpädagogik ersetzen zu können (vgl. u.a. Kiper/Meyer/Topsch 2002). Die einzelnen Kapitel folgen pragmatischen Fragestellungen und können bei Bedarf auch unabhängig voneinander gelesen werden – zumindest solange dabei das Ganze nicht aus dem Auge verloren geht.

Der Text orientiert sich an einer Reihe von Leitfragen, z.B.

- *Praktikum – wozu?* Hier werden Ziele, Begründungen und Organisationsformen für die Verbindung von Theorie und Praxis in der Lehrerbildung angesprochen.
- *Was muss ich über Schule wissen?* Ein kurzer historischer Abriss, erste Einblicke in die Theorie der Schule und ein Überblick über Aufgaben und Tätigkeitsfelder von Lehrerinnen und Lehrern stehen im Mittelpunkt dieses Kapitels.

- *Beobachten im Praktikum – wie geht das?* Beobachtung hat einen zentralen Stellenwert. Daher werden Kategorien der Beobachtung genannt und eine Schrittfolge für die Festlegung eigener Aktivitäten vorgestellt.
- *Was muss ich über Didaktik wissen?* Didaktik und didaktische Modelle sind für Planung, Realisierung, Analyse und Reflexion von Unterricht unverzichtbar. Dieses Kapitel verhilft Ihnen zu einer praxisrelevanten Orientierung.
- *Wo bleiben die Prinzipien?* Einen weiteren Ordnungsrahmen stellen Unterrichtsprinzipien und Unterrichtskonzeption dar. In ihnen kommen Grundorientierungen, Einstellungen und Haltungen der Lehrenden zum Ausdruck.
- *Wie plane ich Unterricht?* Die Planung von Unterricht hat eine zentrale Bedeutung. In diesem Kapitel finden Sie Planungsmodelle, Planungsschritte und Checklisten, die Ihnen helfen sollen, die eigene Planung zu überprüfen.
- *Wie gehe ich mit Störungen um?* Wo auch immer Kommunikation stattfindet – und im Unterricht spielt Kommunikation eine wesentliche Rolle – ist auch mit Störungen zu rechnen. Daher: Auch hierzu einige praxisrelevante Anmerkungen.
- *Was berichte ich im Praktikumsbericht?* Am Ende Ihres Praktikums steht ein Praktikumsbericht. Anregungen zu Aufbau, Inhalten und Schwerpunkten will Ihnen dieses Kapitel geben.

Das Schulpraktikum lässt sich grob in drei Phasen gliedern:

- Vorbereitungsphase
- Durchführungsphase
- Auswertungsphase.

Dieses Buch wendet sich insbesondere der Vorbereitung und der Durchführung zu. Es enthält viele konkrete Anregungen und Checklisten, die Ihr Augenmerk auf bestimmte Schwerpunkte ausrichten. Der Auswertungsaspekt wird pragmatisch auf den Praktikumsbericht konzentriert. Absicht dieses Buches ist es, Grundwissen für Schulpraktikum und Unterricht bereitzustellen. Theoretische und praktische Aspekte sollen so verknüpft werden, dass eine unterrichtsrelevante Einheit entsteht, die das Verständnis für spezifische Situationen fördert und Perspektiven für das unterrichtliche Handeln eröffnet.

2   Praktikum – wozu?

2.1 Praktikum und die Lehramtsstudiengänge

| »Das gesamte Kollegium war super. Ich wurde in Gespräche eingebunden ...« |

Praktika sind ein unerlässlicher Bestandteil aller Lehramtsstudiengänge. Sie sind in allen Ländern der Bundesrepublik Deutschland für Lehramtsstudierende verbindlich vorgeschrieben. Diese Aussage täuscht allerdings Einheitlichkeit vor, wo in Wirklichkeit Vielfalt vorherrscht.

| »Ich habe meinen Beruf endlich mal aus der Nähe erlebt und bin um einige Erfahrungen reicher ...« |

2.1.1 Praktikumsarten

In den unterschiedlichen Prüfungs-, Studien- und/oder Praktikumsordnungen der einzelnen Bundesländer kommen im Zusammenhang mit »Praktikum« folgende Begriffe vor:

- Erkundungspraktikum
- Orientierungspraktikum
- Vorpraktikum
- Semesterpraktikum
- Allgemeines Schulpraktikum
- schulpädagogisches Praktikum
- schulpraxisbezogenes Projekt
- schulformspezifisches Praktikum
- erziehungswissenschaftliches Praktikum
- Hauptpraktikum
- Fachpraktikum
- Unterrichtspraktikum
- fachwissenschaftliches Praktikum
- fachspezifisches Praktikum
- Sozialpraktikum
- Sozial- oder Betriebspraktikum
- Vereinspraktikum.

Sie sehen: Schon die Benennung der Praktika weicht weit voneinander ab. Wenn es stimmt, dass die Anzahl von Wörtern für einen Sachverhalt als Hinweis auf dessen Wichtigkeit in der Gesellschaft zu verstehen ist (in der Sprache der Inuit soll es rund 200 Wörter für die verschiedenen Arten von Schnee und seine Nutzung geben), dann könnte die Begriffsvielfalt als Hinweis auf die exponierte Stellung von Praktika in den Lehramtsstudiengängen gedeutet werden. So einfach ist es aber nicht: Einerseits kann man einen Teil der begrifflichen Differenzen durch Konventionen und sprachliche Traditionen erklären (was man hier »Allgemeines Schulpraktikum« nennt, heißt woanders z.B. »Erkundungspraktikum«). Andererseits weisen die Begriffe z.T. auch auf deutlich unterschiedene Organisationsformen und Zielsetzungen hin: »Nomen *est* omen«.

Grob lassen sich zunächst sozialpädagogische Praktika, schulpädagogische Praktika und fachdidaktische Praktika voneinander unterscheiden. Die letzten beiden Praktikumsarten werden häufig als »Allgemeines Schulpraktikum« und als »Fachpraktikum« bezeichnet. Verschiedene Praktikumsformen in außerschulischen Institutionen (sozialpädagogische Praktika), z.B. Kindergärten, Betriebe, Vereine, treten in einzelnen Bundesländern hinzu. Als Oberbegriff für alle drei Bereiche wird verschiedentlich die Bezeichnung »Schulpraktische Studien« verwendet. Als Entwicklungsperspektive kann man zusammenfassend festhalten: »Das in allen Ländern garantierte Minimum von zwei Schulpraktika – zumeist als vierwöchige Blockpraktika in der veranstaltungsfreien Zeit – müsste sowohl quantitativ wie auch qualitativ ausgebaut werden, einmal vermehrt um so genannte semesterbegleitende schulpraktische Übungen […], zum anderen aber – und das ist wichtiger – als Dreh- und Angelpunkt von mehrsemestrigen Projekten« (Schmitt 1994, S. 17).

Aufgrund der Kulturhoheit der Bundesländer gibt es nicht nur unterschiedliche Begriffe, sondern auch erheblich voneinander abweichende administrative Rahmenbedingungen.

- Hinsichtlich der Organisationsform lassen sich unterscheiden: Tages- oder Semesterpraktika, die in der Veranstaltungszeit semesterbegleitend stattfinden, und mehrwöchige Blockpraktika, die in der veranstaltungsfreien Zeit organisiert werden.
- Die Schulpraktika sind teils auf Schulstufen und Schulformen bezogen, in denen die Studierenden ihren späteren beruflichen Schwerpunkt haben, teils werden aber auch bewusst andere Schulstufen oder Schulformen mit einbezogen.
- Die Dauer der Praktika wird manchmal in Schultagen, meist aber in Wochen angegeben. Sie schwankt zwischen Bundesländern oder Hochschulen erheblich.

Praktika sind an Ordnungen und Erlasse gebunden. In der Regel ist die erfolgreiche Ableistung der Praktika eine Voraussetzung für die Zulassung zu einzelnen Prüfungsteilen oder zum ersten Staatsexamen insgesamt. Beachten Sie auch, dass die Regelungsdichte für Praktika meist mindestens ebenso hoch oder sogar höher ist als für das übrige Studium.

Beispiel

Als organisatorische Essentials für die Praktika im Rahmen des Lehramtsstudiums in Niedersachsen lassen sich die nachfolgenden Punkte festhalten. Ähnliche Aussagen werden Sie auch in den für Sie geltenden Prüfungs-, Studien- oder Praktikumsordnungen finden. Das Beispiel zeigt auf, wie hoch die »Regelungsdichte« für Praktika ist:

Prüfungs-ordnung

Grundlage der Praktika ist die Prüfungsverordnung. In § 26 der »Verordnung über die Ersten Staatsprüfungen für Lehrämter im Land Niedersachsen (PVO-Lehr I)« heißt es beispielsweise: »Zu den Arbeiten unter Aufsicht und den mündlichen Prüfungen wird zugelassen, wer nachweist: die Ableistung eines Sozial- oder Betriebspraktikums von vier Wochen Dauer, die erfolgreiche Ableistung zweier Schulpraktika von insgesamt acht bis zehn Wochen Dauer.«

Durchführungs-bestimmungen

In der »Durchführungsbestimmung zur Prüfungsverordnung« wird hierzu ergänzend erläutert: »Die Schulpraktika sind das Allgemeine Schulpraktikum und das Fachpraktikum in einem Unterrichtsfach. Sie finden in der Regel als Blockpraktika in den vorlesungsfreien Zeiten der Semester statt [...]. Schulpraktika werden von der Hochschule vorbereitet, begleitet und nachbereitet. [...] Eines der Praktika soll in einer Schulform abgeleistet werden, die dem gewählten Schwerpunkt entspricht. [...] Die erfolgreiche Teilnahme wird bescheinigt, wenn die Teilnahme und Mitarbeit in den Begleitseminaren regelmäßig erfolgte, die Vorbereitung der Unterrichtsstunden zumindest ausreichend war, ein den Anforderungen genügender Praktikumsbericht vorgelegt wurde, keine erheblichen Bedenken dagegen bestehen, dass die unterrichtspraktischen Fähigkeiten eine spätere erfolgreiche Tätigkeit im Lehrberuf erwarten lassen.«

Erlasse

Im »Erlass über Schulpraktika als Zulassungsvoraussetzungen zu Ersten Staatsprüfungen« heißt es: »Bei der Durchführung der Schulpraktika werden die Studierenden von Lehrkräften betreut. Lehrende der Hochschule können bei den Unterrichtsversuchen der Studierenden anwesend sein [...] Während des Blockpraktikums sollen die Studierenden an allen Schultagen in der Schule anwesend sein, je Schulwoche 15 bis 20 Zeitstunden [...] Frühestens von der zweiten Woche an können sie unter Anleitung Versuche eigenen Unterrichtens [...] durchführen [...] jedoch nicht mehr als durchschnittlich eine Unterrichtsstunde pro Schultag [...] Die Studierenden legen der betreuenden Lehrkraft vor jedem Versuch eigenen Unterrichts einen kurzen schriftlichen Entwurf vor [...] Über jedes Schulpraktikum fertigen die Studierenden eine schriftliche Ausarbeitung und legen diese der

Schule und der Hochschule vor [...] Nach Ableistung des Praktikums erhalten die Studierenden von der Schule eine von der Schulleitung und von der betreuenden Lehrkraft unterzeichnete Bescheinigung.« Ferner heißt es: »Die Studierenden haben [...] die geltenden Vorschriften zu beachten und diesbezügliche Weisungen der betreuenden Lehrkräfte und der Schulleitung zu befolgen. Sie haben über die [...] durch das Schulpraktikum bekannt gewordenen Tatsachen Verschwiegenheit zu wahren.«

Im »Merkblatt zur Erfolgsbescheinigung« heißt es über Zweifelsfälle im Bereich der unterrichtspraktischen Fähigkeiten: »Zweifel im Sinne der Bestimmung der neuen PVO Lehr I sind im Benehmen zwischen Schule und Universität zu klären. Diese Zweifel schließen grundsätzlich die Möglichkeit zur Wiederholung eines Schulpraktikums nicht aus, können zugleich aber auch zu einer Empfehlung führen, das Studium in der LehrerInnenbildung nicht fortzusetzen. Die Gründe sind dem betroffenen Studenten/der betroffenen Studentin in einem (Beratungs-)Gespräch darzulegen. [...] Über das Gespräch ist grundsätzlich ein Protokoll in rechtlich überprüfbarer Form anzufertigen, in dem die Bedenken im Sinne der neuen Bestimmung der PVO Lehr I dargelegt und begründet werden. Das Protokoll wird dem/der Studierenden ausgehändigt und wird in Schule und Universität [...] zu den Akten genommen.«

Merkblätter

Es würde den Rahmen sprengen, Prüfungsordnungen, Studienordnungen und Praktikumsordnungen von sechzehn Bundesländern und die hochschulspezifischen Unterschiede zu entflechten und differenziert darzustellen. Daher ist es unverzichtbar, dass Sie selbst die Praktikumsregelungen Ihres Lehramtes, in Ihrem Bundesland, an Ihrer Hochschule erkunden. Leitfragen hierzu finden Sie in einer Checkliste am Ende dieses Kapitels. Sicherlich gibt es an Ihrer Hochschule ein Praktikumsbüro, Praktikumsamt, ein Zentrum für pädagogische Berufspraxis, ein Didaktisches Zentrum oder eine ähnliche Institution, bei der Merkblätter, Hinweise oder Auszüge aus den entsprechenden Ordnungen, Erlassen und Vereinbarungen ausliegen oder eingesehen werden können. Auch ältere Studierende, Fachschaften und Hochschullehrende, die Praktika vorbereiten und betreuen, können Ihnen zusätzliche Auskunft geben.

Checkliste 1
(S. 29)

2.1.2 Praktikumsziele

Praxisphasen sind ein unerlässlicher Bestandteil aller Lehramtsstudiengänge. Ihr Ziel ist die Einführung in das Berufsfeld von Lehrerinnen und Lehrern. Dabei sollen sie den Studierenden helfen, die Realität des Beru-

»**Mein gesamtes Schulpraktikum war ein freies Ausprobieren von Unterricht jeder Art. Learning by doing: So hatte ich mir das Praktikum gar nicht vorgestellt ...**«

fes einzuschätzen und sich – zumindest in Grundzügen – auf künftige Kompetenzanforderungen und berufsspezifische Situationen vorzubereiten. Ziel des Schulpraktikums (schulpädagogisches Praktikum, Allgemeines Schulpraktikum) ist die Einführung in das Berufsfeld von Lehrerinnen und Lehrern. Aus der Sicht von Schülerinnen und Schülern haben Sie Schule und Unterricht lange genug erlebt. Deshalb sollen Sie im Praktikum die Breite des Berufsfeldes erkunden, sich mit dem Aufgabenspektrum vertraut machen und die Belastung im Schulalltag zumindest partiell erleben. Dies soll einerseits die Komplexität des angestrebten Berufes fassbarer machen, und Ihnen andererseits dazu verhelfen, auf der Grundlage einer Theorie-Praxis-Verschränkung neue Perspektiven für Ihr wissenschaftliches Studium zu gewinnen. Ziele des Praktikums sind also eine Kompetenzerweiterung ebenso wie die Selbstüberprüfung und Selbsterkundung.

Vielleicht fühlen Sie sich am Anfang Ihres Praktikums vor fremden Kindern, in einer fremden Klasse »wie in einem fremden Land«. In einer solchen Situation kann es ja eine vernünftige Strategie sein, vorübergehend eine erfolgreiche Mentorin/einen erfolgreichen Mentor zu imitieren. Bleiben Sie sich aber in jedem Fall der Tatsache bewusst, dass es im Rahmen der ersten Phase Ihres wissenschaftlichen Lehramtsstudiums *nicht* um die »Einübung« beruflicher Fertigkeiten geht, *nicht* um die Anhäufung instrumentellen Wissens und *nicht* um die Imitation vorgegebener Aktivitätsschemata, sondern um das »Erkennen durch Handeln« (von Hentig 1998, S. 23). Fragen Sie also nicht an erster Stelle: Habe ich alles richtig gemacht? Fragen Sie vielmehr: Welche Wert- und Normvorstellungen fließen in *mein* Lehrerhandeln ein? Wie kann ich das rational begründen?

Das Strukturschema auf der nächsten Seite zeigt die vier großen Bereiche, in denen ein Praktikum unmittelbar zu Ihrer Qualifikation beitragen kann. Möglichkeiten zur Kompetenzerweiterung ergeben sich

- im allgemeindidaktischen Bereich (Planung, Durchführung, Analyse von Unterricht),
- im fachlich/fachdidaktischen Bereich (altersorientierte didaktische Reduktion),
- im sozialen Bereich (Motivation, Beziehungsarbeit),
- in der Selbstwahrnehmung (Selbstvergewisserung).

Im Fokus des Berufsfeldes von Lehrerinnen und Lehrern steht der Unterricht. Daher liegt der Interessenschwerpunkt vieler Studierender auf diesem Bereich. Sie wollen sich als Unterrichtende erproben und ihr Verhältnis zu den Kindern klären. Dennoch wäre es falsch, die Aufmerksamkeit allein auf diesen Bereich zu beschränken. Das Praktikum ist dazu ge-

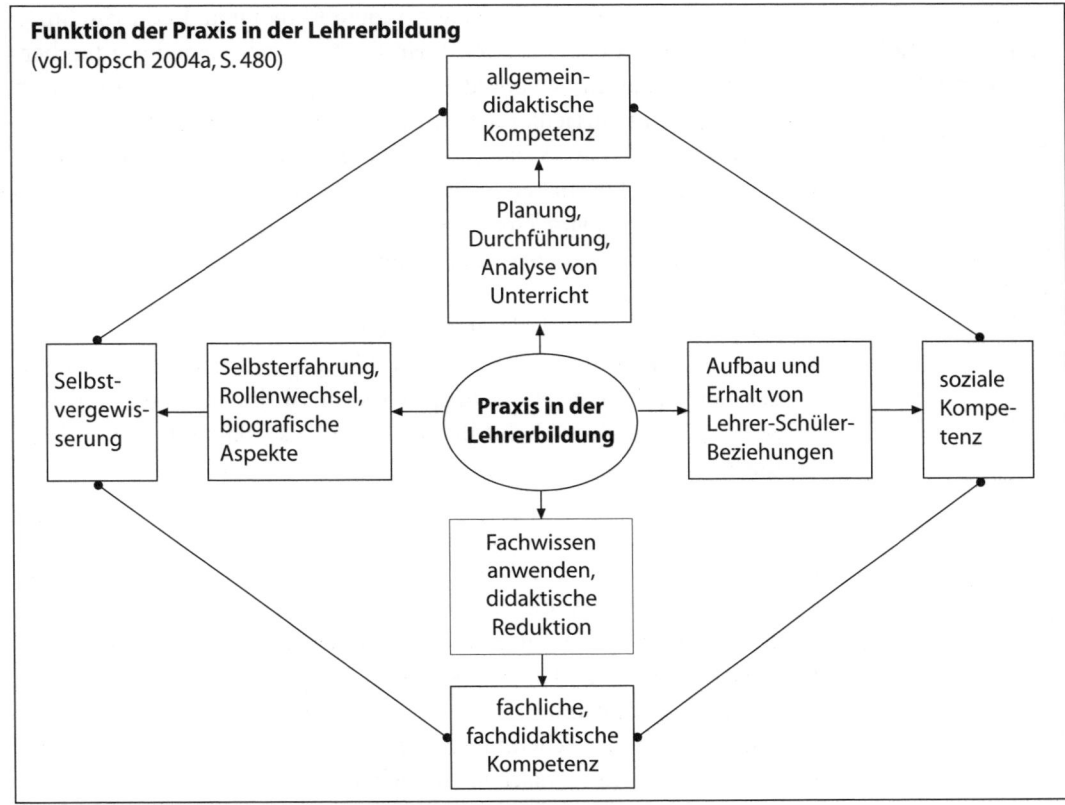

Funktion der Praxis in der Lehrerbildung
(vgl. Topsch 2004a, S. 480)

allgemein-
didaktische
Kompetenz

Planung,
Durchführung,
Analyse von
Unterricht

Selbst-
vergewis-
serung

Selbsterfahrung,
Rollenwechsel,
biografische
Aspekte

**Praxis in der
Lehrerbildung**

Aufbau und
Erhalt von
Lehrer-Schüler-
Beziehungen

soziale
Kompe-
tenz

Fachwissen
anwenden,
didaktische
Reduktion

fachliche,
fachdidaktische
Kompetenz

eignet, eine Gesamtschau des Berufsfeldes Schule – wie partiell das Praktikum auch immer angelegt sein mag – zu vermitteln. So gesehen ist es auch keine Schikane, wenn erwartet wird, dass die Praktikanten an allen Schultagen ihres Praktikums an der Schule anwesend sind und wenn ihr Schultag – wie der von Lehrerinnen und Lehrern – vor 8.00 Uhr beginnt. In Ihrem Praktikum sollten Sie sich als temporäres Mitglied »Ihres« Kollegiums verstehen (nicht als Reisender, der auf gepacktem Koffer sitzt und sich freut, wenn er einen Zug früher nehmen kann).

Schule und Unterricht kommen auf der Folie von zahlreichen gesellschaftlichen Bedingungen zustande. Sie haben viele Quellen und unterliegen den unterschiedlichsten Einflüssen. Im Praktikum erleben Sie die Komplexität des Lehrerberufes, die wechselseitige Bedingtheit der einzelnen Komponenten des Lehrerhandelns und die gesellschaftliche Rahmung von Unterricht. Das Schulpraktikum sollte daher genutzt werden, auch die nicht lehrenden Aktivitäten von Lehrerinnen und Lehrern zu beobachten und die bestehenden (oder fehlenden) Verflechtungen der Schule mit dem Stadtteil, der Gemeinde oder Region zu analysieren.

**Komplexität
des Berufsfeldes**

Es ist kein Widerspruch, wenn beim Schulpraktikum der Unterricht im Vordergrund steht. Zur Einführung in die Perspektive von Lehrerin-

**Außer-
unterrichtliche
Aktivitäten**

nen und Lehrern gehören aber auch andere Aktivitäten. In diesem Sinne hatte die UNESCO bereits 1968 formuliert: »Fundamentally, a teacher-preparation programme should include [...] practice in teaching and in conducting extra curricular activities under the guidance of fully qualified teachers« (UNESCO 1968, S. 13). Solche Aktivitäten können sein:

- Konferenzen, Elternabende, Elternbesprechungen,
- die Organisation von Theaterbesuchen, Ausflügen o.ä.,
- die Erkundung von Fort- und Weiterbildungsmöglichkeiten für Lehrerinnen und Lehrer,
- ggf. Kontakte zum Schulamt, zum Schuldezernenten
- oder die Erkundung von weiteren Bildungs- und Kulturangeboten in der Gemeinde oder in der Region. (Nach zwölf- oder dreizehnjährigem Schulbesuch erscheint Ihnen der Gedanke, dass Schule etwas mit Kultur zu tun haben soll, hoffentlich nicht als suspekt.)

Das Schulpraktikum soll helfen,

- Instrumente zur Beobachtung, Beschreibung und Analyse von Unterricht zu entwickeln und anzuwenden,
- didaktische Theorien und Modelle auf das Berufsfeld zu beziehen,
- gesellschaftliche und anthropogene Bedingungen des Lernens in der Schule zu analysieren,
- Planungs- und Entscheidungsfelder des Lehrerhandelns auszuloten,
- Dimensionen methodischen Handelns zu entwickeln,
- Schule als Erziehungsfeld wahrzunehmen,
- nicht lehrende, außercurriculare und außerschulische Aspekte des Berufes zu erkunden.

**Theorie-Praxis-
Spirale**

Das Schulpraktikum bietet eine günstige Gelegenheit, den Ertrag pädagogischen Handelns sowohl theoriegeleitet wie auch praxisorientiert zu erörtern. Der Diskurs kann eine Theorie-Praxis-Spirale in Gang setzen: Was sich ohne Theorie und ohne Begriffe als kaum entwirrbares Knäuel situativer Handlungen von Lehrern und Kindern darstellt, lässt sich theorieorientiert zumindest in den Hauptlinien kategorisieren und katalogisieren. Zugleich kann die Aufhellung der Praxis durch Theorie aber auch eine weitere Drehung der Theorie-Praxis-Spirale – und damit eine Komplizierung von zunächst »einfachen« oder kaum hinterfragten begrifflichen Setzungen – bedeuten.

Beispiel
Angesichts der unterschiedlichen Lernstände der Kinder einer Klasse, sowie unterschiedlicher häuslicher Bedingungen, des weit voneinander abweichenden Arbeitstempos usw. ist die Erteilung von »angemessenen« Hausaufgaben für zwanzig bis fünfundzwanzig Kinder ei-

ner dritten Klasse eine schwierige pädagogische Aufgabe. Die Komplexität dieses alltäglichen schulischen Tatbestandes kann in der Praxis durch Ignoranz (»Hausaufgabe: Seite 36, Päckchen 5 a, b, c und 6 a, b, c!«) oder diskursiv durch eine theoriegeleitete begriffliche Unterscheidung zwischen *undifferenzierten* und *differenzierten* Hausaufgaben abgebaut werden.

Die Einführung des Gesichtspunktes »Differenzierung« stellt eine Erhöhung der Komplexität dar. So ergibt sich für aufmerksame Praktikantinnen und Praktikanten möglicherweise schnell die Frage, ob sich bei *quantitativer* Differenzierung der Hausaufgaben nicht die Leistungsschere weiter öffnet: Die langsam arbeitenden Kinder erhalten weniger Aufgaben und haben daher weniger Übung als die Schnellen. Führt quantitative Differenzierung also zur Reproduktion oder Verstärkung vorgefundener Unterschiede? Eine Differenzierung nach *zeitlichen* Gesichtspunkten (»Jeder rechnet so viele Aufgaben, wie er in 15 Minuten schafft!«) löst das Dilemma ebenso wenig auf: Wieder haben die »Langsamen« weniger Übung als die »Schnellen«.

Es erscheint daher sinnvoll, innerhalb der Kategorie Differenzierung zwischen *quantitativer* und *qualitativer* Differenzierung zu unterscheiden. Das könnte wiederum ein guter Grund dafür sein, darüber nachzudenken, welchen Effekt es für die Übung, aber auch für das Selbstbild und das Selbstverständnis der Kinder haben wird, wenn Sie den »Starken« anspruchsvollere Aufgaben und den »Schwachen« anspruchslosere Aufgaben stellen. (Die Theorie-Praxis-Spirale dreht sich weiter.)

Das Praktikum dient der Konkretisierung von pädagogischem Grundwissen. Durch die Beobachtung, Analyse und Reflexion »selbstverständlicher« Unterrichtshandlungen, z.B. das Erteilen von Hausaufgaben, wird eine Theorie-Praxis-Annäherung ermöglicht, die Sie an anderen Stellen Ihres Studiums möglicherweise vergeblich suchen: Gut also, dass Ihnen ein Schulpraktikum Gelegenheit gibt, Zusammenhänge ohne Theorie-Dominanz, aber auch ohne den Zeit- und Entscheidungsdruck, unter dem Lehrerinnen und Lehrer in der Praxis oft stehen, zu reflektieren.

Ziehen wir ein Zwischenfazit. Die Bedeutung von Praxis in den Lehramtsstudiengängen kann unter drei Aspekten zusammengefasst werden:

● *Orientierung im Berufsfeld:* Ihr Schulpraktikum dient vor allem der Berufsorientierung durch eine Fokussierung auf:
  – Berufserkundung
  – Berufserprobung
  – außerschulische Orientierung
  – Berufsperspektiven.

**Berufs-
orientierung**

**Berufs-
kompetenz**

- *Kompetenzerweiterung durch Praxis:* Das Schulpraktikum soll Ihnen Möglichkeiten zur Kompetenzerweiterung in folgenden Bereichen geben:
  - allgemeindidaktische Kompetenz (Planung, Durchführung, Analyse von Unterricht)
  - fachliche/fachdidaktische Kompetenz (altersorientierte didaktische Reduktion von Fachwissen)
  - soziale Kompetenz (Motivation, Beziehungsarbeit)
  - Selbstwahrnehmung (Selbstvergewisserung).

**Berufs-
perspektiven**

- *Berufsperspektiven:* Das Schulpraktikum soll Ihr Gespür für die weitere Entwicklung des Berufsfeldes von Lehrerinnen und Lehrern verbessern. Sprechen Sie mit den Kolleginnen und Kollegen darüber, welche Veränderungen diese während ihrer Berufszeit wahrgenommen haben und welche Perspektiven sie für den Beruf sehen. Allgemein kann man festhalten: Die veränderten gesellschaftlichen Bedingungen haben dazu geführt, dass der Schule elementare »Integrations- und Qualifikationsaufgaben der Gesellschaft übertragen werden« (Herrmann 2002, S. 24):
  - Fachliche und fachdidaktische Elemente werden zunehmend durch weitere Funktionen überlagert.
  - Unterrichtsorientierte Tätigkeiten von Lehrerinnen und Lehrern treten erkennbar zurück, während »erzieherische Probleme und Ziele in den Vordergrund« rücken (vgl. Bildungskommission NRW 1995, S. 39). Motivierende, beziehungs- und sinnstiftende, erzieherische, betreuende und kustodiale Aspekte bestimmen gegenwärtig und zukünftig in steigendem Maße das Lehrerhandeln.
  - Die Organisation von Lehr-Lernprozessen bildet aber auch weiterhin das Zentrum des Berufshandelns von Lehrerinnen und Lehrern (vgl. Terhart 2000, S. 47). Art und Inhalte der Lehr-Lernprozesse unterliegen jedoch einem Wandel.

2.2 Ihre Situation als Praktikantin oder Praktikant

Während des Schulpraktikums befinden Sie sich in einer ambivalenten Situation: Sie sitzen, wie man so schön sagt, »zwischen Topf und Deckel« (vielleicht sagen Sie lieber »zwischen Baum und Borke«). Schülerin oder Schüler sind Sie nicht mehr – Lehrerin oder Lehrer sind Sie noch nicht. Sie werden sich teilweise an Ihre Schülerrolle erinnert fühlen, teilweise finden Sie sich aber auch in der Lehrerrolle wieder.

2.2.1 Rollendifferenzen

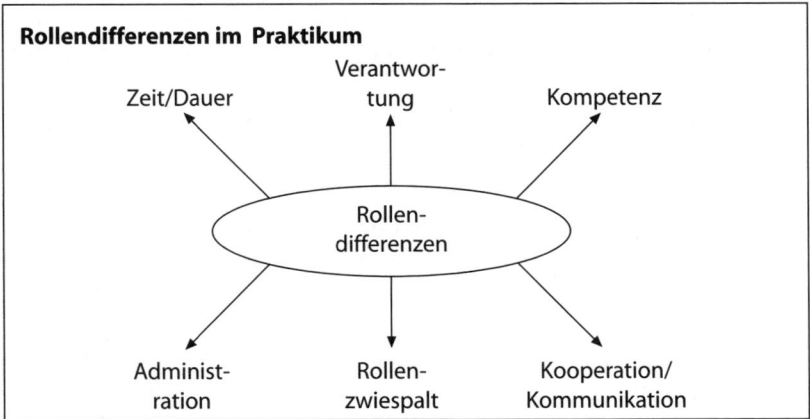

Die Rolle des Praktikanten und des Lehrers sind in vielen Bereichen nicht identisch. Unterschiede zwischen dem Lehrerhandeln und dem Handeln der Studierenden ergeben sich unter mehreren Perspektiven:

- *Zeit und Dauer.* Praktikanten sind im Vergleich zu Lehrern und Schülern nur für einen sehr kurzen Zeitraum an der Schule und in einer bestimmten Klasse. Als Praktikantin oder Praktikant müssen Sie also viel kürzere Einarbeitungszeiten in Kauf nehmen als reguläre Lehrkräfte. Aber auch den Kindern bleibt eine kürzere Zeit, sich auf Ihre Eigenarten einzustellen. Zudem stehen die meisten Beziehungen, die Sie im Praktikum zu Kindern anknüpfen, unter dem Vorbehalt eines alsbaldigen Verfallsdatums. Oft wissen das auch die Kinder, zumindest dann, wenn sie praktikumserfahren sind.
- *Verantwortung.* Praktikantinnen und Praktikanten verantworten ihren Unterricht nicht selbst. Immer dann, wenn wirkliche Entscheidungs- oder Verantwortungsautorität gefragt ist, in weiten Bereichen des Unterrichts und des Schulalltags also, sind Sie auf geborgte Autorität angewiesen.
- *Kompetenz.* Fast immer fehlt es Praktikantinnen und Praktikanten an ausreichender Kompetenz. Sehen Sie darin keine Abwertung, sondern betrachten Sie Ihre Situation realistisch: Sie haben weder Ihr Pädagogikstudium noch Ihr Fachstudium abgeschlossen. (Oft haben Sie das Studium gerade erst aufgenommen, z.B. wenn das Schulpraktikum aus organisatorischen Gründen sehr früh erfolgen muss.) Es fehlt Ihnen auch an Handlungswissen und Handlungsroutine, über die Ihre Mentorin/Ihr Mentor verfügt.
- *Administration.* Praktikantinnen und Praktikanten haben keine Staatsprüfung oder auch nur eine vergleichbare Prüfung abgelegt. Sie

haben auch noch keinen »Dienstherrn« (eine Bezeichnung, die nicht gerade auf eine reiche demokratische Tradition schließen lässt) und – Sie erhalten kein Gehalt, obwohl Sie bezüglich Ihres Arbeitseinsatzes während des Schulpraktikums oft einen hohen Aufwand treiben müssen.

»Weniger schön war es, dass ich beim Englischunterricht feststellte, dass die Schüler gar kein Interesse hatten ...«

● *Rollenambivalenz.* Die soziale Rolle von Praktikantinnen und Praktikanten ist ambivalent. Als Studierende stehen Sie oft der Schülerrolle noch relativ nahe. Ihre familiäre Situation ist meist noch nicht abschließend geklärt. Wirtschaftlich haben Sie sich meist nur teilweise oder noch gar nicht aus der Abhängigkeit gelöst. Gleichzeitig ist Ihre Rolle in der Praktikumsklasse zwiespältig: Mal werden *Sie* belehrt, gelobt, getadelt, korrigiert usw. Mal belehren, loben, tadeln usw. Sie *selbst* – und das unter Aufsicht, d.h., Sie werden für diese Aktionen später möglicherweise wiederum belehrt, gelobt, getadelt ...

● *Kooperation/Kommunikation.* Aufgrund der mangelnden Kompetenz und der fehlenden eigenständigen Verantwortung in pädagogischen Bezügen sind Praktikantinnen und Praktikanten in hohem Maße auf Kooperation angewiesen. Sie müssen in der Lage sein, mit Mentoren und anderen Lehrkräften, Schülerinnen und Schülern Mitpraktikanten und betreuenden Hochschullehrern zu kooperieren und zu kommunizieren.

Praktikum als Chance

Das sind Positionen, die Sie vielleicht als herbe Einschränkungen erleben werden. Deshalb ist es ratsam, sich rechtzeitig darauf einzustellen. Auf der anderen Seite bringt die Praktikumssituation auch Chancen mit sich, die den regulären Lehrkräften verwehrt sind. Als Praktikantin oder Praktikant sind Sie in der angenehmen Situation, viele Lehrerhandlungen (des Mentors oder von Kommilitonen) reflektierend auf ihre theoretische Legitimation hin hinterfragen zu können. Über Handlungsschritte, Entscheidungen und Entscheidungsfolgen, die in der Realität vielleicht nur wenige Sekunden benötigen, können Sie »stundenlang« nachdenken und diskutieren. Dafür benötigen Sie allerdings einen Theorierahmen, der Fragenperspektiven überhaupt erst eröffnet. Ihre Praktikumssituation gibt zusätzlich auch die Chance, selbst erteilten Unterricht bewusst als Teil Ihres eigenen Lernprozesses zu erleben und zu gestalten: Sie sind noch nicht festgelegt und können mit Medien, Sozialformen und mit dem persönlichen Stil experimentieren. Letztlich kommt es im Praktikum weniger darauf an, dass Sie »guten« Unterricht erteilen (dies einzuüben haben Sie in der zweiten Phase noch Gelegenheit genug), sondern darauf, dass Sie in der Lage sind, Kategorien und Strukturen von erziehungswissenschaftlichen Grundfragen zu erkennen und auf dieser Grundlage über »guten« Unterricht nachzudenken.

2.2.2 Persönlichkeitsaspekte

Bedeutung von Kindheitserfahrungen

Eine bewusste Auseinandersetzung mit der eigenen Kindheit ist für alle, die professionell mit Kindern und Jugendlichen arbeiten, wichtig. Lehrerinnen und Lehrer sind fortlaufend mit Varianten und Alternativen von Kindheitsmustern konfrontiert. Ihre Sicht auf Kinderverhalten heute und die Perspektiven ihrer Bewertung sind bewusst oder unbewusst fast immer mit ihren eigenen Kindheitserfahrungen verknüpft.

Biografische Aspekte

»Dabei können Prozesse der Trauer und des Bedauerns über Entgangenes, Prozesse der Identifikation, der Affirmation von bestehenden Überzeugungsmustern und Vorstellungen, der Abgrenzung, des Bemitleidens etc. ablaufen. Die Erfahrungen in der eigenen Kindheit und die kognitive Repräsentanz von sich als Kind dienen dabei häufig als zentrale Bezugsgrundlage, auf der die Bewertung aktuell wahrgenommenen kindlichen Erlebens und Verhaltens stattfindet. Leide ich als erwachsene Person immer noch darunter, ein ›gehänseltes Kind‹ gewesen zu sein, werde ich auch aktuell kindliche Hänseleien anders bewerten (und damit möglicherweise anders intervenieren) als es jemand mit dem Bild von sich, ein ›starkes Kind‹ gewesen zu sein, höchstwahrscheinlich täte« (Fooken 1995, S. 199ff.). Dem Schulpraktikum als einer Gelenkstelle zwischen Lehramtsstudium und Arbeitsfeld kommt auch in dieser Beziehung eine wichtige Rolle zu. Es sollte daher zur Auseinandersetzung mit der eigenen Kindheitserfahrung genutzt werden.

Der »geborene« Erzieher?

Basiert der Beruf der Lehrerin/des Lehrers auf Persönlichkeitsmerkmalen, die sich zum Menschentypen des »geborenen Erziehers« (vgl. Spranger 1958) bündeln lassen?

Checkliste 2
(S. 30)

Seit der Einführung von Lehrerbildung gehen wir davon aus, dass dieser Beruf erlernbar ist. Er basiert auf Theoriewissen und Handlungswissen, die in der ersten und der zweiten Ausbildungsphase sowie im Rahmen der Fort- und Weiterbildung vermittelt und erworben werden. Das Studium im Allgemeinen und die Praktika im Besonderen zielen genau darauf ab. Dagegen ist die Position des »geborenen Erziehers« im Rahmen der wissenschaftlichen Lehramtsstudiengänge brüchig geworden (vgl. Kiper 2001b, S. 72ff.).

Obgleich man nicht übersehen kann, dass sich manche Studierende mit dem Lehrerberuf leichter tun als andere, steht die grundsätzliche Erlernbarkeit außer Frage. Möglicherweise hatten Studierende, die auf den

> »Die Zeit des ›geborenen‹ Erziehers ist heute vorüber, die Aufgabe des Lehrers ist zu kompliziert geworden, als daß er sie noch mit instinktiven Impulsen und dem gesunden Menschverstand lösen könnte. Die didaktische Übermittlung immer abstrakterer und komplexerer Sachstrukturen verlangt Ausbildung, ja Training.« (Roth 1969, S. 60)

ersten Blick wie eine Verkörperung der These vom »geborenen Erzieher« wirken, Gelegenheit zu Lernprozessen, die vor oder außerhalb ihres Studiums lagen. Aber auch dann, wenn man einräumt, dass es einigen Menschen von ihrer gesamten Lebensauffassung und Lebensführung her leichter fällt, Kontakte aufzunehmen und mit anderen zu kommunizieren, bedeutet dies nicht, dass andere das nicht lernen könnten. Man muss realistisch zugestehen, dass die wissenschaftlichen Lehramtsstudiengänge kaum Situationen bieten, diese Lernprozesse nachzuholen. Das Praktikum ist eine der wenigen Gelegenheiten dazu.

Folgerungen

Soziale Kompetenz

Wenn Sie den Eindruck haben, dass bei Ihnen ein Nachholbedarf besteht, oder wenn Ihr Praktikumsbetreuer Sie darauf anspricht (Vorsicht, aus falsch verstandenem Takt tut er das vielleicht nur in klausulierter Form!), wäre es klug, dieses Problem gezielt anzugehen: Schließlich basiert Ihr künftiger Beruf überwiegend auf Ihrer Fähigkeit zur didaktischen Kommunikation und auf Ihrer Bereitschaft, mit unterschiedlichen Personengruppen sozial zu interagieren, Kontakte aufzunehmen, auszubauen und auch in Krisensituationen aufrechtzuerhalten. Suchen Sie nach Betätigungsfeldern, in denen Sie Ihre sozialen Fähigkeiten erproben und erweitern können. Solche Möglichkeiten finden Sie in jedem Fall in der Hochschule (Mitarbeit in einer Fachschaft, Interessengemeinschaften an der Hochschule etc.) und im außerschulischen Bereich (Sportvereine, Jugendarbeit). Vielleicht können Sie aber auch an Ihrer Praktikumsschule punktuell weiterhin mitarbeiten. Gelegenheiten gibt es genug, wenn Sie danach suchen. Das Problem besteht darin, dass diese Gelegenheiten vor allem von sozial Kompetenten wahrgenommen werden, während Studierende, die einen deutlichen Nachholbedarf haben, solchen Gelegenheiten systematisch ausweichen. Falls Sie eher zur letzteren Gruppe gehören, halten Sie sich an den Konfuzius-Spruch: »Es ist besser ein Licht anzuzünden als die Dunkelheit zu beklagen.« Oder denken Sie lieber noch einmal über Alternativen nach: Niemand zwingt Sie Lehrerin oder Lehrer zu werden.

2.3   Sie und Ihre Schule

2.3.1 Anfangsprobleme

Unter organisatorischen Gesichtspunkten sollten Sie möglichst früh mit Ihrer Praktikumsschule und Ihrer Mentorin/Ihrem Mentor Kontakt aufnehmen. Oft wird diese Kontaktaufnahme auch durch die Hochschule im Rahmen einer Hospitationsveranstaltung o. ä. forciert. Wenn das nicht der Fall ist, sollten Sie – sobald Ihnen die Praktikumsschule oder sogar die Praktikumsklasse bekannt sind – von sich aus Schule oder Mentor anrufen und nach einem kurzen Besprechungstermin nachfragen. Natürlich darf dieser Kontakt nicht so verlaufen, dass er zur Belastung für die betreuende Lehrkraft wird. Aber die Chance, sich die Klasse einmal anzusehen, das Schulumfeld zu erkunden, sich eine Liste von Schulbüchern, die in der Klasse benutzt werden, anzulegen, nach außerschulischen Aktivitäten der Klasse zu fragen etc. sollten Sie sich nicht entgehen lassen. Vielleicht ergibt sich sogar die Möglichkeit, schon vorab einige Male in der Klasse zu hospitieren, an einem Elternabend teilzunehmen oder bei einem Schulausflug, einem Wandertag etc. mitzuhelfen. In jedem Fall erhalten Sie einen Eindruck von der Schule, und – mindestens ebenso wichtig – die Schule lernt Sie als interessierte, aktive und kooperationsbereite Person kennen. Sicherlich hilft Ihnen das, die Anfangsprobleme, die ohnehin vorhanden sind, wenn Menschen sich neu in ein relativ stabiles soziales System eingliedern müssen, besser zu meistern.

Kontakt-aufnahme

Typische Probleme für Sie und andere ergeben sich z.B. daraus, dass Sie überall auf eingespielte Strukturen treffen, die Sie nicht kennen können, deren Einhaltung aber mehr oder weniger von Ihnen erwartet wird. Das kann schon beim Parkplatz beginnen, geht mit der Frage, ob Sie sich am Kaffee im Kollegiumszimmer bedienen können, weiter und endet damit, dass die Kinder »Ihrer« Klasse von Ihnen möglicherweise die Einhaltung bestimmter Interaktionsformen, Handlungsmuster oder Rituale erwarten – die Sie gar noch nicht kennen.

Probleme

Das alles sollte Sie nicht beunruhigen, aber es ist klug, sich bewusst auf die neue Situation einzustellen:

● Gehen Sie auf Kolleginnen und Kollegen, aber auch auf den Hausmeister und anderes Personal der Schule zu: Stellen Sie sich vor, zeigen Sie Ihr Interesse an Schule und Unterricht (Warum sollten Sie sonst diesen Beruf gewählt haben?). Erzählen Sie etwas von sich, z.B. welche Fächer Sie studieren, wie lange Sie an der Schule bleiben und ob Ihnen an der Schule spontan etwas positiv aufgefallen ist. Vermeiden Sie in der Initialsituation spontane Kritik.

> **»Ich habe gute Erfahrungen mit Schülern, Unterricht und Kollegium gemacht ...«**

- Fragen Sie ungeniert alles, was Sie nicht wissen können, z.B. ob es im Kollegiumszimmer »feste« Plätze gibt. Auch wenn wir es nicht wahrhaben wollen, unser Revierverhalten ist im Allgemeinen recht stark. Achten Sie also darauf, niemandem »seinen« Platz wegzunehmen. Es liegt nahe, dass es eine Kaffeekasse gibt: Fragen Sie, ob Sie sich während Ihres Aufenthaltes daran beteiligen können, und wie das Abspülen geregelt ist.
- Fragen Sie aber auch, ob es eine Schulbuchsammlung gibt, ob Sie Bücher aus der Kollegiumsbücherei ausleihen können, wer welche Funktionen im Kollegium wahrnimmt, ob und wie Sie Unterrichtsmedien ausleihen können, ob es einen Elternverein gibt usw.
- Machen Sie sich klar, dass die meisten Kollegien nicht gerade auf Praktikanten warten, dass man mit Ihren Vorgängern vielleicht schlechte Erfahrungen gemacht hat und dass Kontakte zur Hochschule für manche Kolleginnen und Kollegen negativ besetzt sind. Rechnen Sie also ruhig mit einer gewissen Reserviertheit, und nehmen Sie diese nicht gleich persönlich. Überlegen Sie vielmehr, wie Sie dazu beitragen können, die Situation aktiv zu überwinden.

2.3.2 Beziehungen zur Klasse

> **»Es hat Spaß gemacht: Die Kinder waren sehr positiv und haben tatsächlich auf meine Arbeitsaufträge reagiert ...«**

> **»In der 4. Klasse gab es einen ganz ›schlimmen‹ Schüler, der meinte, dass ich ihm gar nichts zu sagen habe, weil ich keine ›richtige‹ Lehrerin wäre ...«**

In den meisten Fällen werden Sie als Praktikantin oder Praktikant relativ schnell zu den Kindern einen guten Kontakt aufbauen können. Hier kommt Ihnen vielleicht zugute, dass Ihre Distanz zur Lebenswelt der Kinder in der Regel geringer ist als die anderer Lehrpersonen und dass Sie sich wahrscheinlich relativ gut in die Situation von Schülern hineindenken können. Stellen Sie weder für sich noch im Umgang mit der Klasse diesen Aspekt besonders heraus. Im Gegenteil: Wenn Sie in einen Rollenkonflikt zwischen Ihrer alten und Ihrer neuen Rolle geraten, versuchen Sie, bewusst die *neue* Rolle anzunehmen. Dazu ist das Praktikum u.a. da. Natürlich kann es im Einzelfall auch dazu kommen, dass Praktikanten von Kindern oder von einer Klasse abgelehnt werden. Dann ist es gut, über mögliche Gründe für die Zustimmung oder Ablehnung nachzudenken. Jüngere Kinder empfinden den zeitweiligen Verlust zur Klassenlehrerin möglicherweise als negativ. Ältere Kinder und Jugendliche lehnen Praktikanten vielleicht als »Teil des Systems« ab. In beiden Fällen sind es also weniger die Personen als vielmehr die Strukturen, denen die Widerstände gelten.

Die Beziehung zwischen Praktikanten und Mentoren sind für das Praktikum von ausschlaggebender Bedeutung. Praktikanten arbeiten gewissermaßen am Bungee-Seil. (Sie stürzen sich in die Tiefe, werden aber vor dem Erdkontakt abgefangen.) Als Praktikantin oder Praktikant erteilen Sie keinen selbstständigen Unterricht. Alle Ihre Unterrichtsaktionen stehen unter der Verantwortung der Mentorin/des Mentors. Sie sind also auf eine gute Zusammenarbeit angewiesen. Einerseits werden Sie vieles von der Klassenlehrerin/dem Klassenlehrer unmittelbar übernehmen (müssen): Das gilt für Inhalte ebenso wie für das methodische Vorgehen im Unterricht oder das Einhalten von Wert- und Normvorstellungen in der Klasse. Andererseits kann es nicht das Ziel des Schulpraktikums sein, eine schlichte Identifizierung der Studierenden mit den »Praktikern« herbeizuführen. Vermeiden Sie bei Spannungen aber unbedingt persönliche Verletzungen, und machen Sie sich klar, dass es Ihren Mentor nervt, wenn Sie auf seine Kosten »Pluspunkte« bei den Kindern sammeln wollen.

Zwei Ratschläge zum Schluss:

- Verarbeiten« Sie Ihre alte Schülerrolle nicht dadurch, dass Sie eine »Blaupause« oder eine »Karaoke-Nummer« auf den Lieblingslehrer Ihrer eigenen Schulzeit abziehen.
- Regeln Sie Ihre ökonomische Situation vorab: Während des Praktikums können Sie nicht gleichzeitig Geld für Ihren Lebensunterhalt verdienen. Es ist unmöglich, dass Sie neben dem Praktikum als Servierin in einer Altstadtkneipe oder als Aushilfe in der Stadtbäckerei weiter arbeiten. Versuchen Sie nicht, Ihr Praktikum als »Teilzeitjob« zu integrieren. Es wäre zuviel verlangt, von den betreuenden Lehrerinnen oder Lehrern Verständnis dafür zu erwarten, dass Sie an bestimmten Vor- oder Nachbesprechungen für Ihren Unterricht nicht oder nur seufzend teilnehmen können, weil Sie »eigentlich arbeiten« müssen.

2.4 Resümee

- Praktika in den Lehramtsstudiengängen sind in allen Bundesländern mit unterschiedlichen, teils erheblich differierenden administrativen Rahmenbedingungen vorgesehen. Daher ist es unverzichtbar, die gültigen Vorgaben »vor Ort« zu erkunden.
- Das Schulpraktikum ist kein Selbstzweck: Es soll das Denken über erziehungswissenschaftliche Fragestellungen anregen, das pädagogische Feld durch wissenschaftliche Instrumentarien strukturieren und Ordnungsansätze in das komplexe Berufsfeld bringen. Kurz formuliert: Es soll das wissenschaftliche Lehramtsstudium durch den Kontakt mit der Praxis (einer konkreten Schule, einer konkreten Klasse, mit konkretem Unterricht) in einen angemessen Rahmen stellen.

- Das Schulpraktikum lässt sich grob in drei Phasen gliedern: die Vorbereitungsphase (meist in Seminarform in der Hochschule), die Durchführungsphase (unter Aufsicht einer Mentorin/eines Mentors an der Praktikumsschule) und Nachbereitungs- oder Auswertungsphase (meist auf der Grundlage von Praktikumsberichten).
- Die Vorbereitung soll praxisrelevante Theorieaspekte akzentuieren. Die Durchführung soll theorierelevante Praxisaspekte in den Blick bringen. Die Auswertung schließlich kann eine Synthese von Theorie und Praxis darstellen.
- Schulpraktika sollen den Wechsel von der Schülerrolle zur Lehrerrolle bewusst machen und eine Erprobung in der neuen Rolle erleichtern. Praktika dienen darüber hinaus auch der »Selbsterkundung«.

Checkliste 1: Rahmenbedingungen	
Fragen	**Antworten**
1 Welche Praktika muss ich ablegen?	
Sozialpraktikum Betriebspraktikum Vereinspraktikum Schulpädagogisches Praktikum Fachpraktikum	
2 In welcher Form sind die Praktika organisiert?	
Tagespraktikum Blockpraktikum	
3 In oder nach welchem Semester ist die Durchführung vorgesehen?	
erstes Praktikum zweites Praktikum ggf. drittes Praktikum ggf. weitere Praktika	
4 Welche Anwesenheits- und Zeitregelungen muss ich beachten?	
Anzahl der Unterrichtstage Anzahl der Unterrichtsstunden Muss ein Gesundheitszeugnis vorgelegt werden?	
5 Wie viele Unterrichtsversuche werden erwartet?	
Anzahl pro Tag (Woche)? Sind Unterrichtsversuche auch im Team möglich?	
6 Wie wird die Durchführung des Praktikums bewertet?	
Teilnahmebescheinigung Erfolgsbescheinigung Bewertung durch Zensur	
7 Ist ein schriftlicher Bericht vorgesehen?	
Gibt es eine Mustergliederung? Anzahl der Ausfertigungen? Wer sind die Empfänger des Berichts?	

Checkliste 2: Selbsterkundung

1   Warum will ich Lehrerin oder Lehrer werden?

2   Welche positiven Aspekte erwarte ich von meinem Schulpraktikum?

3   Welche negativen Momente befürchte ich in meinem Schulpraktikum?

4   Welche Gründe könnten die Mentorin/der Mentor/die Kinder haben, mich als Praktikantin/Praktikanten anzunehmen oder abzulehnen?

5   Welche konkreten Ziele verfolge ich selbst in meinem Praktikum?

6   Reicht meine soziale Kompetenz nach eigenem Urteil und nach dem Urteil anderer aus? Wie kann ich sie ggf. steigern?

3 Was muss ich über Schule wissen?

3.1 Etwas Geschichte

Braucht man wirklich »Geschichte der Pädagogik«, wenn man ins Schulpraktikum geht? Natürlich nicht, aber ... es ist oft hilfreich, wenn man sieht, wie sich manche Fragen einfach erledigten und andere die Pädagogik dauerhaft beschäftigen.

- Wer regt sich *heute* noch auf, wenn Kinder mit sechs oder sieben Jahren Lesen und Schreiben lernen? (Friedrich Gedike, 1754–1803, Zeitgenosse Rousseaus, tat es.)
- Wer hält *heute* noch Vorschulen für das Gymnasium für erforderlich? (Bis 1920 war das selbstverständlich.)
- Welchen Stellenwert hat *heute* die Heimatkunde? (Um 1960 war sie das Leitfach in der Grundschule.)

Ein Blick zurück ermöglicht es, Trends und Modeerscheinungen in der Schule (programmierter Unterricht, Mengenlehre, Ganzheitsmethode etc.) zu erkennen und von überdauernden Grundfragen zu unterscheiden. Anders formuliert: Der Blick in die Geschichte der Pädagogik gibt uns zwar keine Antworten auf aktuelle Fragen, aber er kann uns helfen, die richtigen Fragen zu stellen.*

3.1.1 Zur Entstehung von Schule

Bei den Griechen und Römern gab es bereits ein relativ ausgebautes und geordnetes Schulwesen. Nach dem Zerfall des Römischen Reiches gingen aber auch das Schulwesen und das Bildungsbewusstsein unter. Lediglich die Kirche bewahrte ein Interesse an deren Erhalt. Der Klerus musste Lesen und Schreiben, vor allem aber Latein, Griechisch und Hebräisch beherrschen, um die »Heilige Schrift« lesen, auslegen und verbreiten zu können. Eine Schule besuchte also nur, wer Priester werden wollte. Darüber hinaus lernten nur wenige andere Lesen und Schreiben. Erst Karl der Große (742–814) strebte wieder eine Belebung des Bildungswesens an.

Bedeutung der Schriftsprache

---

* Diese Formulierung geht meiner Meinung nach auf Hartmut von Hentig zurück. Eine genaue Belegstelle kenne ich leider nicht.

Religiöse Volksbildung

Bei ihm sind auch erste Ansätze zur Volksbildung zu finden. Sein Interesse beschränkte sich allerdings auf die religiöse Volksbildung. Lesen und Schreiben spielten dabei noch keine Rolle: Im Jahre 804 verpflichtete er alle, »das Glaubensbekenntnis, das Gebet des Herrn und die Taufformel zu lernen. Wer sie aber nicht behält, der soll Schläge erhalten und sich jeglichen Trunkes, Wasser ausgenommen, enthalten, bis er sie völlig beherrscht« (Heilmann 1909, S. 2). Nach und nach, über Jahrhunderte hinweg vermehrten sich die Pfarr-, Kloster- und Domschulen, auf deren Basis sich allmählich neben dem kirchlichen auch ein weltliches Unterrichtswesen etablierte.

Mit der Einführung der Papierherstellung (erste Papiermühle in Deutschland: 1390) und der Erfindung der Buchdruckerkunst mit beweglichen Lettern durch Johannes Gutenberg (~1397–1468) wurde eine neue Grundlage für die Verbreitung von Wissen geschaffen. Die berühmte Gutenberg-Bibel (1445/46) wurde natürlich noch in lateinischer Sprache gedruckt. Aber mit der Übersetzung des Neuen Testamentes in die deutsche Sprache (gedruckt 1522) durch Martin Luther (1483–1546), der Ausbreitung der Reformation und mit dem allmählichen Erstarken des Bürgertums erwachte ein breites Interesse an Bildung. In der Zeit des aufgeklärten Absolutismus traten wirtschaftliche Interessen hinzu. Es entstand die allgemeine Schulpflicht, und zwar erstmals in Weimar (1619), in Gotha (1640), in Preußen (1717 und 1763 geregelt durch das »Preußische Landschulreglement«). Diese Jahreszahlen sagen allerdings nichts über den tatsächlichen Schulbesuch aus. Es dauerte noch Jahrhunderte, bis die Schulpflicht flächendeckend umgesetzt wurde.

3.1.2 Motive zur Entstehung der Volksschule

Das Schulwesen entwickelte sich in Deutschland in einer Doppelstruktur: Zum einen entstand die »Volksschule« für das *niedere Volk*, zum anderen die »Höhere Schule« für die höheren Schichten. Vom 17. Jahrhundert an etablierte sich aber auch die Idee einer »allgemeinen Volksschule« als einer Schule für das gesamte Volk. Diese Idee von »Volksschule«

Schule für das gesamte Volk

konnte erst im 20. Jahrhundert mit der Einführung der Grundschule in der Weimarer Republik in die Realität umgesetzt werden. Die Grundschule (als Schule für alle Kinder) wurde auf vier Jahre begrenzt – eine Regelung, die sich nach dem 2. Weltkrieg auch in der Bundesrepublik etablierte. Gegenwärtig umfasst die Grundschule nur in den Ländern Berlin und Brandenburg sechs Schuljahre.

Für die Entstehung von Volksschulen (i.S. von Schulen für das »gesamte Volk«) lassen sich unterschiedliche Motive aufzeigen (vgl. Nave 1961; Schwartz 1982):

- *Das religiöse Motiv.* Im Zeitalter des Barock begründet Johann Amos Comenius (1592–1670) seine Forderung nach Bildung für alle mit einem religiösen Motiv, das sich sinngemäß auf folgende Überlegungen stützt:
  - Vor Gott sind alle Menschen gleich.
  - Das Ziel des Menschen ist die Wiedervereinigung mit Gott.
  - Dazu sind Religiosität, Tugend und Wissen erforderlich.

  Von diesem Gedanken ausgehend entwickelt Comenius ein umfassendes Bildungssystem, das alle (alle Schichten, beide Geschlechter) einschloss und – nach der heutigen Terminologie – vom vorschulischen Bereich bis zur Universität reichte. Hier interessiert vor allem die »Muttersprachschule«. Diese Schulstufe umfasst das 6. bis 12. Lebensjahr der Kinder und war in der Sprache des Volkes, also in der Muttersprache, konzipiert. Es ist der Entwurf einer ersten Volksschule im umfassenden Sinne (Comenius 1992; vgl. insbes. Kap. 8 und 9).

  Gleichheit vor Gott

- *Das politische Motiv.* Die Forderung nach Freiheit, Gleichheit und Brüderlichkeit wurde im Umfeld der Französischen Revolution laut. Durch gleiche Bildung sollte nicht nur das Recht des Einzelnen, sondern auch das Wohl der Gesamtheit der Bevölkerung gewahrt werden (Ausschöpfung der Begabungsreserven). Dieses politische Motiv trat am deutlichsten in einem Programm zur »Nationalerziehung« hervor, das der französische Mathematiker, Politiker und Philosoph Antoine Caritat Condorcet (1743–1794) in seiner Eigenschaft als Präsident der Gesetzgebenden Nationalversammlung (1792) erarbeitete.

  Gleichheit der Bürger

- *Das nationale Motiv.* Nach der Niederlage gegen Napoleon entwickelte sich in Deutschland am Beginn des 19. Jahrhunderts ein nationales Motiv. Mit Hilfe einer allgemeinen Volksschule sollte trotz der Zerschlagung in eine Vielzahl von Kleinstaaten ein allgemeines deutsches Nationalbewusstsein aufrechterhalten werden. Verknüpft ist das nationale Motiv vor allem mit den Namen Johann Gottlieb Fichte (1762–1814), Johann Wilhelm Süvern (1775–1829) und Friedrich Daniel Ernst Schleiermacher (1768–1834).

  Gleichheit der Nation

- *Das soziale Motiv.* Am Ende des 19. Jahrhunderts formierte sich mit dem allmählichen Erstarken der Sozialdemokratie und der Ausbreitung von Lehrervereinen (den Vorläufern der Gewerkschaften) erneut der Gedanke einer gemeinsamen Schule. Gefordert wurde nun eine Einheitsschule, die alle 6- bis 14-jährigen Kinder erfassen sollte.

  Gleichheit der Chancen

Am Beginn des 20. Jahrhunderts gab es also bereits eine rund 300 Jahre während Forderung nach einer allgemeinen Volksschule. Aber erst nach dem Ersten Weltkrieg ergab sich die Chance, in Deutschland die gemeinsame Schule für alle Kinder wenigstens in den ersten Schuljahren zu realisieren.

Die gemeinsame Schule sollte von drei Prinzipien getragen werden:

- Staatlichkeit (staatlich getragen und beaufsichtigt),
- Gleichheit (gleiche Bildungsmöglichkeiten für alle),
- Unentgeltlichkeit (kostenloser Schulbesuch).

Entstehung der Grundschule

Die wechselnden Machtkonstellationen in der Weimarer Republik führten jedoch zu Kompromissen: Statt der Einheitlichkeit kam es zu einer konfessionellen Spaltung der Schule. Statt der Integration aller Bevölkerungsschichten in die öffentliche Grundschule wurden den privaten Vorschulen sehr lange Übergangsfristen eingeräumt (bis 1929/30). Eine weitere Beschränkung der Gemeinsamkeit ergab sich durch die Begrenzung auf vier Jahre – die für einen Teil der Schülerschaft gleichzeitig der Vorbereitung auf das Gymnasium dienen sollte. (Tendenz: von der Einheitsschule zur Einheizschule.) Nach dem Zweiten Weltkrieg hat die Grundschule organisatorisch und inhaltlich an die Vorgaben der Weimarer Schulgesetze angeknüpft. Sie hat damit auch einen Teil der »Erblasten« aus jener Zeit übernommen.

3.2 Theorie der Schule

Welche Funktionen hat die Schule? Welche Aufgaben haben Lehrerinnen und Lehrer? Die Antworten werden maßgeblich von den Perspektiven beeinflusst, unter denen man Schule und Unterricht betrachtet. Im sozialwissenschaftlichen Kontext hat Erziehung zwei Quellen (vgl. zum Folgenden: Fend 1981):

- die Unfertigkeit, Instinktlosigkeit, Plastizität und Erziehungsbedürftigkeit des Menschen,
- den Willen der Gesellschaft zur Reproduktion und Aufrechterhaltung des sozialen Lebens.

Schule als Sozialisationsinstanz

Die Bewältigung dieser Aufgaben wird in den meisten Gesellschaften auf die Familie einerseits und auf Bildungsinstitutionen andererseits übertragen. Es ist erkennbar, dass in den frühen Lebensphasen die Zuständigkeit schwerpunktmäßig in der Familie liegt. In den späteren Lebensphasen übernehmen die Bildungsinstitutionen (vereinfacht: die Schule) mit progressiver Tendenz Anteile an Zuständigkeit und Verantwortung. Zentraler Begriff der sozialwissenschaftlichen Perspektive ist die »Sozialisation«. Schule wird als »Sozialisationsinstanz« begriffen, deren Ziel in der Reproduktion, d.h. in der »Wiederherstellung eines gesellschaftlich erwünschten Zustandes bei biologischem Austausch der Träger gesellschaftlichen Handelns« liegt (Fend 1981, S. 3).

»Mit Sozialisation wird [...] jener Prozeß bezeichnet, durch den gleichzeitig die Persönlichkeit von Heranwachsenden konstituiert und gesellschaftliche Verhältnisse reproduziert werden« (Fend 1981, S. 6).

Funktionen von Schule

Fend verweist explizit auf drei Reproduktionsfunktionen* (Qualifikation, Selektion, Legitimation). Klafki, der sich weitgehend auf Fend bezieht, fügt als weitere Funktion die »Kulturüberlieferung« hinzu. Damit meint er Bereiche des Lernens, die sich einer unmittelbaren Verwertung entziehen, dennoch aber »zu den charakteristischen Merkmalen der Schule gehören«, z.B. die »spielerischen Elemente des Sportunterrichts, der Musikunterricht« sowie Teile des Kunstunterrichts, des Literaturunterrichts, des Religionsunterrichts usw. (Klafki 1989, S. 24). Es kann offen bleiben, ob die »Kulturüberlieferung« bei Fend in der »Qualifizierungsfunktion« bereits mitgedacht war. Ihre gesonderte Herausstellung erscheint in jedem Falle sinnvoll, weil sie die *individuelle* Bedeutung gegenüber der *gesellschaftlichen* Bedeutung akzentuiert. Zusammenfassend werden der Schule in diesem theoretischen Ansatz also folgende vier Funktionen übertragen:

- *Qualifikation.* Hier geht es um die »Reproduktion kultureller Systeme«. Schule muss sicherstellen, dass die nächste Generation über die für das Funktionieren der Gesellschaft erforderlichen Kenntnisse, Fähigkeiten und Fertigkeiten verfügt.
- *Selektion.* Diese Funktion bezieht sich auf die Reproduktion der Sozialstruktur. Schule trägt mit ihrem System hierarchischer Abschlüsse zur Positionsverteilung in der Gesellschaft bei.
- *Legitimation.* Schule trägt zur Reproduktion der herrschenden Wert- und Normvorstellungen bei. Sie hilft, diese zu internalisieren und trägt damit zu deren Legitimation, aber auch zur Integration des Einzelnen in die Gesellschaft bei.
- *Kulturüberlieferung.* Damit sind gemeint: besondere »Aktivitäten und ihre Vergegenständlichungen [...] von Freizeitbeschäftigung über Kunst und Teile der Wissenschaft bis zu weltanschaulichen und religiösen Sinndeutungen der menschlichen Existenz« (Klafki 1989, S. 24f.). Auch dies ist eine »Reproduktionsleistung« der Schule.

---

* Der Begriff Reproduktion wird wie folgt beschrieben: Reproduktion heißt nicht [...] »daß eine bloße Wiederholung der Gedanken der Väter bei den Söhnen erfolgt. Dies ist in traditionellen Gesellschaften die Regel, während für moderne Gesellschaften das Moment der dabei stattfindenden Veränderung konstitutiv ist, auch wenn faktisch – gemessen am Gesamtbestand der Kultur – wohl meist mehr erhalten als verändert wird« (Fend 1981, S. 7).

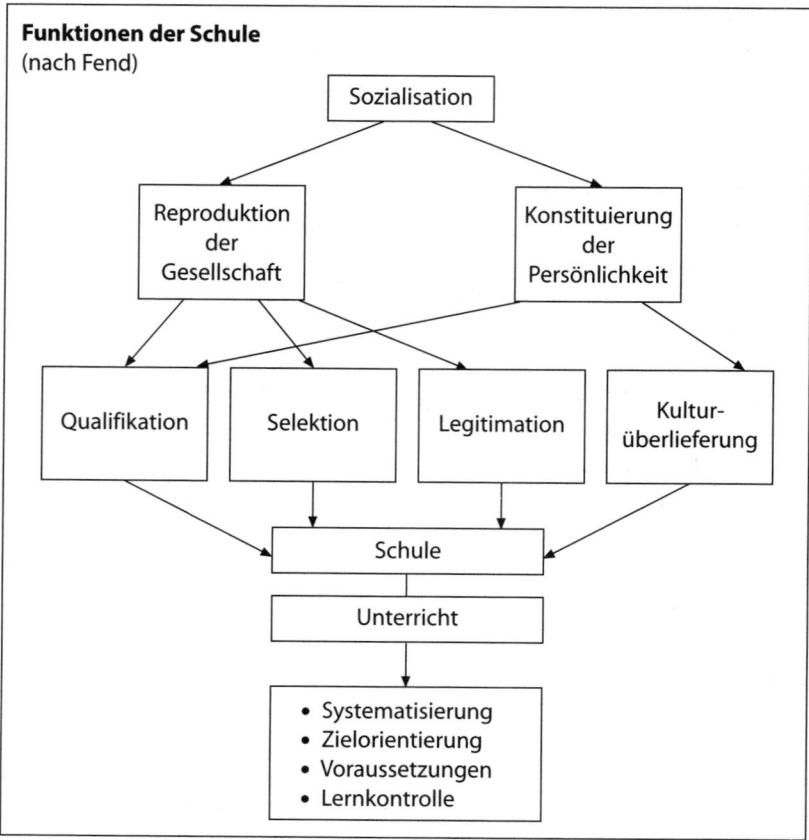

Funktionen der Schule
(nach Fend)

Fend unterscheidet zwischen »veranstalteten« und »nicht veranstalteten« Lernprozessen. Schulische Lernprozesse gehören zu den »veranstalteten« Prozessen. Letztere zeichnen sich aus durch:

Veranstaltete Lernprozesse

- »Systematisierung der Lernbedingungen,
- Formulierung von Lernzielen,
- Erhebung von Lernvoraussetzungen,
- Kontrolle des Lernerfolgs« (Fend 1981, S. 65).

Wenngleich die Differenzen zwischen »veranstalteten« und »nicht veranstalteten« Lernprozessen heute nicht mehr so klar akzentuiert sind, wie dies in den Achtzigerjahren der Fall gewesen sein mag, erhalten wir mit den von Fend genannten vier Merkmalen von »veranstalteten« Lernprozessen eine gute Basis für die Unterscheidung zwischen Unterricht und anderen Bildungsprozessen.

3.3 Schulkritik

Die Institution Schule ist von enormer gesellschaftlicher Bedeutung: Im Jahr 2000 gab es rund 10 Millionen Schülerinnen und Schüler (9.960.800), mehr als 600.000 Lehrerinnen und Lehrer (606.590 ohne Abendschulen) an allgemein bildenden Schulen. Die Gesamtkosten des Bildungswesens (allerdings inklusive beruflicher Bildung, betrieblicher Ausbildung, betrieblicher Weiterbildung und Unterrichtsverwaltung) beliefen sich im Jahre 2000 auf 114,3 Milliarden Euro (alle Angaben aus: BMBF 2002). Es wundert nicht, dass eine Institution dieser Größe aus unterschiedlichen Perspektiven auch kritisiert wird. Vereinfacht sind zwei große Ansätze der Schulkritik zu unterscheiden: Die erste Form kann man als immanente Schulkritik verstehen: Sie weist auf Fehler und Gefahren des gegenwärtigen Systems mit der Absicht hin, das System an diesen Stellen zu verbessern (oder wenn man es mit weniger Optimismus formulieren will: um die Fehler zu mindern). Sie will das System nicht überwinden, sondern an kritischen Stellen nachbessern. Die zweite Kritikrichtung ist viel grundsätzlicher: Sie zielt im Kern auf eine Überwindung des Systems (zumindest aber auf seine radikale Neugestaltung). Daher wird sie die »radikale Schulkritik« genannt.

Zwei unterschiedliche Ansätze

3.3.1 Die immanente Schulkritik

Diese Form der Schulkritik ist der eigentliche Motor für zahlreiche Schulversuche. Die ausgesprochene oder unausgesprochene Theorieposition dieser Schulkritik geht vom Bild der Schule als Lebensraum des Kindes aus. Lebensraum und Lebensbezug nehmen die zentrale Stelle vieler Versuchs- und Reformschulen ein. Die immanente Schulkritik fasse ich in drei Positionen zusammen:

Lebensraum und Lebensbezug

- *Scheinrealität und pädagogischer Schonraum.* Auf Grund der immer komplexer werdenden Lebenswelt der Kinder hat sich Schule schrittweise von der Realität abgekoppelt. Schule ist lebensfremd und wird zum »Schonraum« für Kinder. Die Kritik richtet sich darauf, dass die Kinder von den Problemzusammenhängen der Realität durch die Schule abgeschnitten werden.
- *Systematisierung und Verfrühung.* Schule steht in der Gefahr, immer mehr Sachverhalte aus ihrem natürlichen Zusammenhang zu lösen und unter fachwissenschaftlichen Gesichtspunkten zu systematisieren. Dies geht einher mit dem Problem der Verfrühung. Das bedeutet hier, dass Sachverhalte in Lehrgangsform systematisch erarbeitet werden, ehe die Kinder Gelegenheit hatten, sie in der Realität kennen zu lernen und unter unsystematischen Bedingungen zu erkunden.

● *Verengung auf das kognitive Lernen.* Schule steht in der Gefahr, Leben und Lernen zu trennen, Sachverhalte von ihrem Anschauungs- und Handlungsvollzug zu isolieren und das kognitive Lernen überzubetonen.

Diese Liste fasst zwar die wichtigsten Kritikpunkte zusammen. Sie sollten sie aber dennoch nicht als endgültig und abgeschlossen betrachten. Neue gesellschaftliche Entwicklungen oder auch nur neue Perspektiven eines bekannten Problems können neue Schwerpunkte der immanenten Schulkritik erzeugen.

Nicht genannt ist beispielsweise der Gesichtspunkt, dass Schule geschlechterdiskriminierend wirkt. Jahrhundertelang waren die Mädchen im Schul- und Bildungssystem benachteiligt: Ihnen wurde der Zugang zu höherer Bildung erschwert. Ihre Teilhabe an höheren Schul- und Bildungsabschlüssen war entsprechend gering. Heute weist die Statistik dagegen aus, dass Jungen von der Einschulung bis zum Abitur (und darüber hinaus) im Vergleich zu Mädchen schlechter abschneiden. Sie sind in allen Bereichen des Schulversagens deutlich überrepräsentiert. Da es keine Hinweise gibt, dass Jungen weniger intelligent sind (und Schulerfolg auch nur zum Teil durch Intelligenz erklärt werden kann), ist die Geschlechterdiskriminierung durch die Schule weiterhin als ein wichtiger Gesichtspunkt der immanenten Schulkritik zu nennen – auch wenn diese Perspektive gegenwärtig kaum wahrgenommen wird.

3.3.2 Die radikale Schulkritik

Schulkritik als Gesellschaftskritik

Der Begriff »radikale Schulkritik« macht bereits deutlich, dass hier eine Kritik vorgetragen wird, die andere Quellen und andere Ziele hat. Wissenschaftlich argumentiert sie auf der Linie der Entschulungsdiskussion, »die selbst eine Fülle verschiedener kritischer Theorien in sich aufgenommen hat und eher aus einer weltweiten sozialen Bewegung als aus einer klar abgrenzbaren wissenschaftlichen Tradition hervorgegangen ist« (Dauber 1987, S. 105). Radikale Schulkritik wurde in den Siebziger- und Achtzigerjahren international vor allem von Paulo Freire (1921–1997) und Ivan Illich (1926–2002) vorgetragen. Im deutschsprachigen Bereich werden deren Positionen besonders deutlich von Heinrich Dauber vertreten. Die Kernstelle der Kritik lautet etwa: Schule (verschultes Lernen) trägt zwar zur Qualifikation verwertbarer Arbeitskraft und zur Sozialisation von politisch loyalen Staatsbürgern bei. Aber der Preis dafür ist hoch: »Die Inkompetenz zu selbständiger geistiger und körperlicher Arbeit (›Eigenarbeit‹) ist die Kehrseite der Kompetenz zur Lohnarbeit, die Verantwortungslosigkeit für langfristige Folgen unserer Wachstumsmanie, für die Lebensbedingungen der ›halben Menschheit‹ sowie aller kommenden Generationen, ist die Kehrseite passiver politischer Loyalität« (Dauber 1987, S. 107).

Am radikalsten wurde die gesellschaftskritische Position von Ivan Illich formuliert. Im Rahmen seiner viel breiter vorgetragenen gesellschaftskritischen Auffassung lassen sich für den Bereich von Schulpflicht und Pflichtschule folgende vier Punkte herausarbeiten (vgl. Dauber 1987, S. 104–115):

- Schulisches Lernen ist überwiegend fremdbestimmt und sozial kontrolliert. Hieraus folgt Apathie, Interesselosigkeit und Aggression. Dies überdecken wir mit dem Mythos: Mehr Lernen erfordert mehr Schule.
- Schule hat die »für Lernprozesse unabdingbaren personalen Beziehungen zwischen Lernenden und Lehrenden ... durch institutionelle Verantwortlichkeit ersetzt« (108). Dieses Faktum wird durch einen Mythos verschleiert: Mehr Lernen erfordert mehr Lehrerinnen und Lehrer.
- Schule begünstigt die Reichen und Privilegierten. »Bezahlt von der Mehrheit bevorteilen sie eine Minderheit« (109). Auch dieses Faktum wird durch den Mythos verschleiert: Schulpflicht für alle führt zum Abbau der sozialen Ungleichheit.
- Schulische Inhalte sind überwiegend irrelevant. Ihre faktische Folgenlosigkeit wird durch schulimmanente Ausleseverfahren überdeckt. Sucht man nach einem verschleiernden Mythos für diesen Zusammenhang (Dauber nennt keinen), so könnte er lauten: Höhere Bildungsabschlüsse bedeuten höhere Kompetenz.

Trotz dieser radikalen Kritik will natürlich niemand ernsthaft die Schule abschaffen. Vielmehr geht es um eine stärkere Orientierung des schulischen Lernens an der Realität, um eine deutlichere Anerkennung des Kindes als eines aktiven Lerners (Abschied von der Erziehungsphilosophie der Unfähigkeit des Kindes) und um ein Ende der Technisierung und Arbeitsteilung im Bereich der Schule.

3.4 Aufgaben von Lehrerinnen und Lehrern

Auf die Frage »Was tun Lehrerinnen und Lehrer?«, dürfte die Antwort »Unterrichten« wohl die häufigste sein. Diese Antwort ist richtig, wenn man »Unterrichten« als Oberbegriff für alle Lehrertätigkeiten nimmt – falsch, wenn »Unterrichten« nur für »Lehren« steht.

Unterrichten als Oberbegriff

Der Deutsche Bildungsrat hat am Beginn der Siebzigerjahre die Aufgaben von Lehrerinnen und Lehrern mit einem relativ groben Raster beschrieben, das gleichwohl eine zutreffende Annäherung an das Berufsfeld erlaubt. Er unterscheidet

- Lehren,
- Erziehen,
- Beurteilen,
- Beraten und
- Innovieren (Deutscher Bildungsrat 1970, S. 217–220).

Andere Autorinnen und Autoren haben die hier genannten Felder entfaltet und um weitere Formen des professionellen Handelns ergänzt. Allerdings fehlt in den meisten Aufzählungen – wie beim Bildungsrat auch – ein Punkt, den ich mit *Administrieren* bezeichnen möchte.

Auf diese Weise ergibt sich eine Aufgliederung des Oberbegriffes »Unterrichten« in sechs Bereiche:

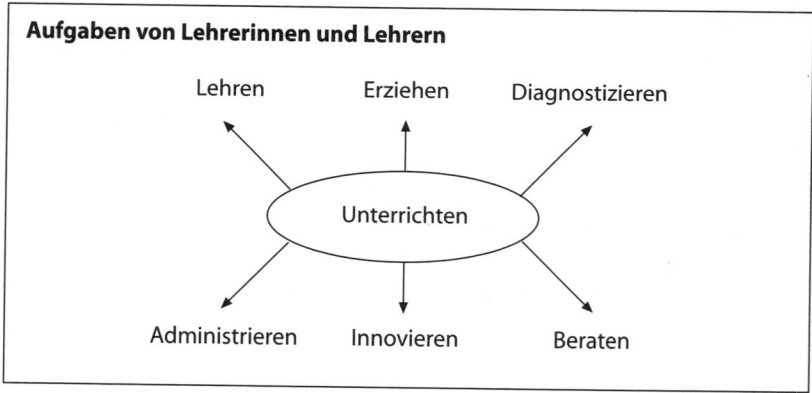

Lehren
Stofflicher Bezug
Kenntnisse vermitteln
Methoden aufbauen
Verständnis aufbauen
Handlungsbezug
Kreativität fördern
Transfer anregen
Teamfähigkeit fördern

- *Lehren.* »Der primäre Inhalt des Lehrerberufes ist nach allgemeinem Verständnis das Lehren als Vermitteln von Kenntnissen und Fertigkeiten. Darüber hinaus muß der Lehrer beim Lernenden das Verständnis für das Gelernte wecken und den Zusammenhang der Dinge sichtbar machen. Ferner gehört zur Aufgabe des Lehrers die Einführung in die Erkenntnisprozesse und die Lehre von Methoden, wie Wissen gewonnen und gesichert wird. Auch muß der Lehrer bei den Lernenden die Fähigkeit entwickeln, Grundprinzipien des Gelernten auf ähnliche oder neue Aufgaben zu übertragen (Transfer). Beim Lernenden ist Problembewußtsein, problemlösendes Denken und Kreativität zu entwickeln. Da im Leben fachliche Leistungen sehr oft im Zusammenhang erbracht werden müssen, gehört es weiter zur Aufgabe des Lehrers die Lernenden zur tätigen Mitwirkung in Gruppenarbeit anzuleiten« (Deutscher Bildungsrat 1970, S. 217).

● *Erziehen.* Die Unterscheidung zwischen Lehren und Erziehen überdeckt, dass Unterricht immer auch eine erzieherische Dimension hat.
Einprägsam wurde dies bereits 1806 durch den Oldenburger Pädagogen Johann Friedrich Herbart (1776–1841) mit folgenden Worten
formuliert:

> »Und ich gestehe gleich hier, keinen Begriff zu haben von Erziehung *ohne
> Unterricht*; so wie ich rückwärts [...] keinen Unterricht anerkenne, der nicht
> erzieht« (Herbart 1806, S. 33).*

Gegenwärtig vollzieht sich eine Wiederbelebung der Erziehungsaufgabe. Der Aufbau sozialer Kompetenzen fällt zunehmend der Schule
zu. Dies wird im Laufe Ihrer Berufstätigkeit zu einer deutlichen Ver-
schiebung des Aufgabenspektrums von Schule führen: »Gegenüber
der unterrichtsorientierten Arbeit treten erzieherische Probleme und
Ziele *in den Vordergrund*« (Bildungskommission NRW 1995, S. 39;
Hervorh. von mir). Schließlich sei darauf hingewiesen, dass sich der
Erziehungsbegriff nicht nur im Zusammenhang mit traditionellen
Inhalten findet: Begriffe wie Umwelterziehung, Friedenserziehung,
Medienerziehung usw. zeugen davon, dass viele Bereiche, die uns ge-
sellschaftlich besonders am Herzen liegen, mit dem Anspruch des Er-
ziehens verbunden sind.

Erziehen
Personale Dimension
Selbstbestimmung
Selbststeuerung
Gesellschaftliche Dimension
Gesellschaftliche Verantwortung
Kompromissfähigkeit

● *Beurteilen.* Mehr als vielen Lehrerinnen und Lehrern bewusst – und
häufig auch mehr als ihnen recht ist – ist Unterricht mit den Faktoren
Messen und Beurteilen verknüpft. Dabei ist nicht nur an manifeste
Rituale wie Klassenarbeiten, Zeugnisnoten, Versetzung, Nichtverset-
zung oder Sonderschulüberweisung zu denken, sondern auch an die
wichtigen und wirksamen Kleinformen des Bewertens im Unterricht.
Grundsätzlich können sich Leistungsmessung und Leistungsbeurtei-
lung auf das erreichte Ergebnis (Ergebnisorientierung) oder auf
Lernmöglichkeiten, Lernhemmungen und deren Behebung (Prozess-
orientierung) beziehen. Die Problematik der Ergebnisorientierung
liegt darin, dass sie als »Zensur« aus dem pädagogischen Kontext her-
ausgelöst werden kann und »einen gesellschaftlichen Wert- oder Un-
wertfaktor« (Deutscher Bildungsrat 1970, S. 218f.) darstellt. Zudem
enthält die Fokussierung des Leistungsbegriffes auf das »Lehrplanre-
levante« eine unangemessene Verengung. Es gibt viele Leistungen von
Kindern und Jugendlichen, die außerhalb der Schule anerkannt werden, für die im traditionellen Unterricht aber weder ein »Bedarf«
noch ein besonderes Sensorium bestehen. Ob es sich um besondere

Beurteilen
Ziele
Ergebnisorientierung
Lernfortschrittsorientierung
Probleme
Gesellschaftlicher Wert/Unwert
Verengung der Leistung

---

* Lernen Sie dieses Zitat ruhig auswendig! Sie werden sich im Praktikum und im
Beruf sicherlich noch daran erinnert fühlen.

Bau- oder Konstruktionsleistungen von Kindergartenkindern, das Beherrschen eines Instrumentes, der Umgang mit einer Programmiersprache oder um Breakdance handelt – mit solchen extracurricularen Aktivitäten können Kinder und Jugendliche in der Schule wahrscheinlich eher Spott und Hohn als Anerkennung finden.

- *Beraten.* »Seine Erziehungsaufgabe nimmt der Lehrer auch im Zusammenhang mit Beratung und besonderer Information des Lernenden wahr. Wegen der Vielfalt unterschiedlicher Informationen, denen der Lernende ausgesetzt ist (z.B. durch Massenmedien), braucht er Orientierungs-, Beurteilungs- und Beratungshilfen« (Deutscher Bildungsrat 1970, S. 218). Im Schulalltag wird es vor allem um situative Beratung im Rahmen der Lernsteuerung gehen. Daneben stellt sich die Aufgabe der Schullaufbahnberatung und – im Bereich der Sekundarstufe – die Aufgabe der Berufsberatung.

- *Innovieren.* Eine differenzierte Entfaltungen der Kategorie »Innovieren« findet sich bei Kiper (2001a). Folgende der dort genannten Aspekte professionellen Handelns enthalten innovative Elemente: *Gestaltung des Schullebens, Förderung der Partizipation von Schülerinnen und Schülern, Kooperation mit Eltern, Beteiligung an Schulentwicklung, Fortbildung, berufspolitisches Engagement, Beteiligung an der Berufsethik-Diskussion* (Kiper 2001a, S. 24–35).

Dreißig Jahre zuvor hatte der Bildungsrat das Tor zur Mitbestimmung von Lehrerinnen und Lehrern aufgestoßen: »Der Lehrer hat Teil an der Entwicklung neuer Bildungsinhalte und an der Bestimmung von Bildungszielen. Mit dieser Aufgabenstellung wird er zum ersten und wichtigsten Träger fortschreitender Schul- und Bildungsreform« (1970, S. 220). Lehrerinnen und Lehrer als Träger der Schul- und Bildungsreform? Das hört sich nach »Pfeifen im Walde« an, weil die Einflussnahme auf die entsprechenden Prozesse eher gering erscheint. Dabei besteht kein Grund zu generellem Pessimismus. Schließlich ist nicht zu übersehen, dass Lehrerinnen und Lehrer im Großen wie im Kleinen an Innovationen und Reformen beteiligt sind. Ihre Handlungsspielräume sollten nicht unterschätzt werden. Wenn heute Themen wie »Dritte Welt« oder »Umweltschutz«, wenn Organisationsformen wie »offener Unterricht« oder Systemveränderungen wie »Integration behinderter Kinder« eine Rolle spielen, dann mit Sicherheit nicht, weil dies von oben herab verordnet wurde, sondern weil Schulen gesellschaftlich relevante Themen aufgegriffen und deren Umsetzung im Rahmen ihrer Handlungsspielräume – oft gegen die Widerstände der Kultusbehörden – ausgelotet haben. Man kann die Sache aber auch von der anderen Seite her betrachten: Wenn sich Inhalte wie die »Mengenlehre« oder Verfahren wie die »Ganzheitsmethode« trotz erheblicher Unterstützung von »ganz oben« letztlich

Beraten		
Inhalt		
Informationen geben		
Orientierungshilfen geben		
Alternativen aufzeigen		
Perspektive		
Situative Beratung		
Schullaufbahnberatung		
Berufsberatung		

Innovieren		
Kleinformen		
Methodische Alternativen		
Inhaltliche Alternativen		
Organisatorische Alternativen		
Großformen		
Schulentwicklungsplanung		
Berufspolitisches Engagement		
Berufsethik		

nicht durchsetzen konnten, dann zeigt sich hierin so etwas wie eine negative Innovationskraft, die verhindert, dass Schule und Unterricht in ein Korsett gezwängt werden. Lehrerinnen und Lehrer vor Ort haben (neben einem Beharrungsvermögen, das an Newtons Gesetz von der Trägheit der Masse erinnert) offenbar auch ein Gespür für das, »was geht« und »was nicht geht«. Insgesamt stellen diese »autonomen Gestaltungs- und Handlungsvollzüge [...] wesentliche Momente der Selbst- und Fremdidentifikation« im Lehrerberuf dar (Hinz 2000, S. 284).

- *Administrieren*. Ein wichtiger Bereich, auf den Sie in Ihrem Praktikum mit Sicherheit stoßen werden, wird häufig übersehen. Es sind situationsorientiert helfende (kustodiale) und systemorientierte Tätigkeiten:

Administrieren
Kustodial
Helfen
Organisieren
Versorgen
Systemorientiert
Gutachten schreiben
Aufsicht führen
Erlasse einhalten

  - Kindern helfen, ein krankes Kind kurzfristig versorgen, ein verunfalltes Kind zum Arzt oder zur Klinik begleiten, Busfahrten organisieren etc.,
  - Listen führen, Unfallmeldungen schreiben, Gutachten, z.B. für die Überweisung zur Sonderschule so abfassen, dass sie keinen Verfahrensfehler enthalten (oder erkennen lassen),
  - Verwaltungsvorschriften und Erlasse einhalten, z.B. über die Aufsicht beim Schwimmunterricht, über die Haltung von Kleintieren im Klassenraum, über die Meldung von ansteckenden Krankheiten u. v. a. m.

Auch dies bestimmt das Bewusstsein von Lehrerinnen und Lehrern und bindet erhebliche Arbeitskraft. Tätigkeiten der genannten Art (unzureichend durch *Administrieren* gekennzeichnet) sind in veranstalteten Lehr-Lernprozessen prinzipiell enthalten. Wir haben uns angewöhnt, ausschließlich die pädagogische Perspektive des Berufsfeldes zu betrachten. Wie unzureichend diese Sichtweise ist, zeigt sich darin, dass Lehrerinnen und Lehrer wohl nur selten disziplinarisch belangt werden, wenn sie ihre Lehr- oder Erziehungsaufgaben nur ungenügend wahrnehmen. Dagegen drohen ihnen unweigerlich Disziplinarmaßnahmen (bis hin zur Entfernung aus dem Dienst), wenn sie ihre Administrationsaufgaben – und dazu zähle ich die Aufsichtspflicht – vernachlässigen.

3.5 Resümee

- Schule und Unterricht sind historisch gewachsen und haben sich erst allmählich aus dem kirchlichen Umfeld gelöst. Am Anfang der Volksbildung stand die religiöse Volksbildung. Über mehrere Jahrhunderte hinweg haben religiöse, politische, nationale und soziale Motive die

Idee einer allgemeinen Volksschule als Schule für das ganze Volk (ohne Standesunterschiede) befördert. Erst mit der Einführung der Grundschule als Schule für alle Kinder durch die Weimarer Schulgesetzgebung konnte diese Idee in Ansätzen realisiert werden.

● In einer pluralistischen Gesellschaft übernimmt die Schule wichtige gesellschaftliche Funktionen. Sie trägt zum Erhalt, zur Ausgestaltung, aber auch zur Weiterentwicklung der Gesellschaft bei. Dabei stützt sich die Gesellschaft auf folgende Funktionen: Qualifikationsfunktion, Selektionsfunktion, Legitimationsfunktion und Kulturüberlieferung.

● Das Aufgabenspektrum professionellen Handelns im Berufsfeld von Lehrerinnen und Lehrern lässt sich in verschiedene Hauptkategorien aufteilen. Dabei wird erkennbar, dass der Begriff »Unterrichten« zumindest die Kategorien »Lehren« und »Erziehen« und »Administrieren« enthält. Als weitere Aufgabenkategorien treten hinzu: Diagnostizieren, Beraten, Innovieren. Veränderungen im gesellschaftlichen Umfeld führen zu Veränderungen oder Neugewichtungen der Aufgaben von Lehrerinnen und Lehrern. Gegenwärtig zeichnet sich eine Tendenz zur stärkeren Orientierung des Berufsfeldes an der Erziehungsaufgabe ab.

4 Beobachten im Praktikum – wie geht das?

Das Schulpraktikum gibt den Studierenden die Möglichkeit, sich mit ihrem künftigen Berufsfeld auseinander zu setzen. Ziel des Praktikums ist es, die Komplexität pädagogischen Handelns zu erschließen. Die Begegnung mit einer bestimmten Schule, einer bestimmten Klasse und einer bestimmten Lehrperson erlaubt zwar nur die Auseinandersetzung mit einer speziellen Situation, soll aber zugleich Einblicke in das Allgemeine des pädagogischen Berufsalltags vermitteln. Dafür müssen die Studierenden in der Lage sein, die speziellen Strukturen und Probleme »ihrer« Klasse zu erfassen, um darin das Allgemeine zu erkennen. Grundlage hierfür bilden die Hospitation und die tägliche spontane und gezielte Beobachtung im Praktikum.

> »Vor dem Praktikum habe ich mich gefragt: Was soll mir das eigentlich bringen, wenn ich da hinten in einer Klasse sitze und zugucke, aber dann habe ich doch eine Menge dabei gelernt ...«

4.1 Beobachtung als wissenschaftliche Methode

4.1.1 Wahrnehmung und Beobachtung

Wahrnehmungen begleiten uns im wachen Zustand fortlaufend. Beginnen wir dagegen zu beobachten, dann schränken wir die Wahrnehmung bewusst auf einen bestimmten Zielbereich ein: Nauck hat das Beobachten mit dem Strahl einer Taschenlampe verglichen, wobei Breite oder Fokussierung des Lichtkegels auf das Interessengebiet verweisen, die Richtung des Lichtstrahls auf die zugrunde liegenden Erwartungen und Annahmen, also auf implizite oder explizite Theorien (Nauck 1986, S. 24). Beobachten ist eine Grundkategorie wissenschaftlichen Handelns. Dies sollte auch Ihre Beobachtungen im Schulpraktikum bestimmen:

> »Wer forschend Regeln, Zusammenhänge, Gesetze, Wahrheiten entdecken will [...] muß beobachten. Alles wissenschaftliche Forschen kann man als eine gesteigerte und gesicherte Form des Beobachtens auffassen« (Roth 1969, S. 42).

Darüber hinaus ist »Beobachten« ein konstitutives Moment in pädagogischen Prozessen. Ohne Beobachtung gäbe es keine begründbaren Bewertungsprozesse, ohne begründete Bewertung gäbe es keine Rechtfertigung für die (mitunter durchaus einschneidenden) Maßnahmen der Lern-

und Verhaltenssteuerung in der Schule. In Ihrer zukünftigen Situation als Lehrerinnen oder Lehrer sind Sie also in besonderer Weise auf Beobachten als Handwerkszeug angewiesen.

4.1.2 Exkurs zu Forschungsmethoden

Für wissenschaftliches Arbeiten im empirisch-sozialwissenschaftlichen Kontext ist die »Datenerhebung« von zentraler Bedeutung. Dafür wurde ein weites Spektrum von Methoden entwickelt, zu denen auch die Beobachtung zählt. Zwei große Erhebungsrichtungen lassen sich unterscheiden:

Spuren suchen
- *Nicht reaktive Verfahren* analysieren vorfindbare Gegebenheiten, z.B. Tagebücher, Graffiti, Abnutzungsspuren, Ausleihhäufigkeiten etc. Dabei werden »Spuren« untersucht und ausgewertet. Der Begriff »Spuren« ist hier in einem weiten Sinne zu verstehen. Dazu würden auch das Nachmessen von Wegstrecken, Wiegen von Schultaschen etc. gehören.

Reaktionen hervorrufen
- *Reaktive Verfahren* geben dagegen einen »Reiz« vor und beobachten, wie das Gegenüber darauf reagiert: Fragebogenaktionen, Tests oder Interviews sind typische Verfahren dieser Rubrik. Nicht reaktive und reaktive Verfahren sind gleichermaßen auf Beobachtung angewiesen.

Beispiel
Wer etwas über die Schulwege von Grundschulkindern herausfinden will, kann vorfindbare Gegebenheiten untersuchen (Wegstrecken in der Realität nachmessen bzw. auf dem Stadtplan mit dem Stechzirkel »nachschreiten«) oder er kann auswerten, wie die Kinder auf folgende Fragen reagieren:
- »Wie lang ist Dein Schulweg (m/km)?«
- »Wie viel Zeit brauchst Du für Deinen Schulweg?«
- »Wie viele Kreuzungen musst Du überqueren?«
- »Gehst Du allein oder mit anderen Kindern?« etc.

Beide Methoden leisten Unterschiedliches: Die Entfernungsangabe eines Kindes ist vermutlich sehr ungenau. Das Nachmessen bringt dagegen die exakte Entfernung und eine genaue Aussage über die Anzahl der Überquerungen. Es sagt allerdings nichts darüber aus, wie viel Zeit das Kind für den Weg benötigt und ob es allein oder mit anderen zusammen zur Schule geht. Hierüber gibt seine direkte Reaktion Auskunft.

4.1.3 Formen der Beobachtung

Unterschiedliche Beobachter kommen oft zu gänzlich unterschiedlichen Ergebnissen. Um »gültige« Aussagen zu erhalten, müssen die subjektiven Momente der Beobachtung reduziert werden. Für wissenschaftliche Beobachtung ist daher vorab zu klären:

- Wer beobachtet (Fremdbeobachtung – Selbstbeobachtung)?
- Unter welchen Bedingungen findet die Beobachtung statt (teilnehmend – nicht teilnehmend)?
- Wie lange und in welchen Zeitstrukturen wird beobachtet (fortlaufend – in Zeitintervallen)?
- Um welche Objekte (Personen – Aktionen – Konstellationen) geht es?
- Welche Protokollform (formlos– teilformalisiert – formalisiert) soll verwendet werden?

Spontane Beobachtung und wissenschaftliche Beobachtung unterscheiden sich voneinander durch eine Reihe von Merkmalen (vgl. Topsch 2002, S. 100ff.):

- Zielgerichtetheit (es liegt eine Fragestellung zugrunde),
- methodische Reflexion (es liegen Überlegungen zum methodischen Vorgehen zugrunde),
- Planmäßigkeit (es liegt ein Beobachtungsplan zugrunde),
- Deskription der Beobachtung (es findet eine Aufzeichnung statt).

Kontrollierbarkeit

Auf diese Weise entsteht eine strukturierte Beobachtung, die sich durch eine bessere Kontrollierbarkeit und Nachvollziehbarkeit von der spontanen Alltagsbeobachtung unterscheidet. Durch die Festlegungen wird aber zugleich auch die Aussagebreite eingeschränkt. Übrig bleibt oft nur noch ein sehr schmaler Ausschnitt der ursprünglichen Realität. Was uns hier begegnet, kann man als ein »Bandbreite-Genauigkeits-Dilemma (range-fidelity-dilemma)« bezeichnen (Nauck 1986, S. 33).

1. Beobachtung kann als »Selbstbeobachtung« oder als »Fremdbeobachtung« erfolgen. Die Selbstbeobachtung fragt: »Wie reagiere ich selbst?« Die Fremdbeobachtung fragt: »Wie reagieren die anderen?«
2. Beobachtung kann einen unterschiedlichen Lenkungsgrad haben: Sie kann den Unterricht insgesamt verfolgen oder auf einen Punkt, beispielsweise auf die »Kontakte zwischen Kindern und der Lehrerin«, ausgerichtet (gelenkt) werden. Durch eine Aufgliederung der Kategorie in »abhakbare« Verhaltensweisen ergibt sich eine sehr enge Lenkung, z.B.:

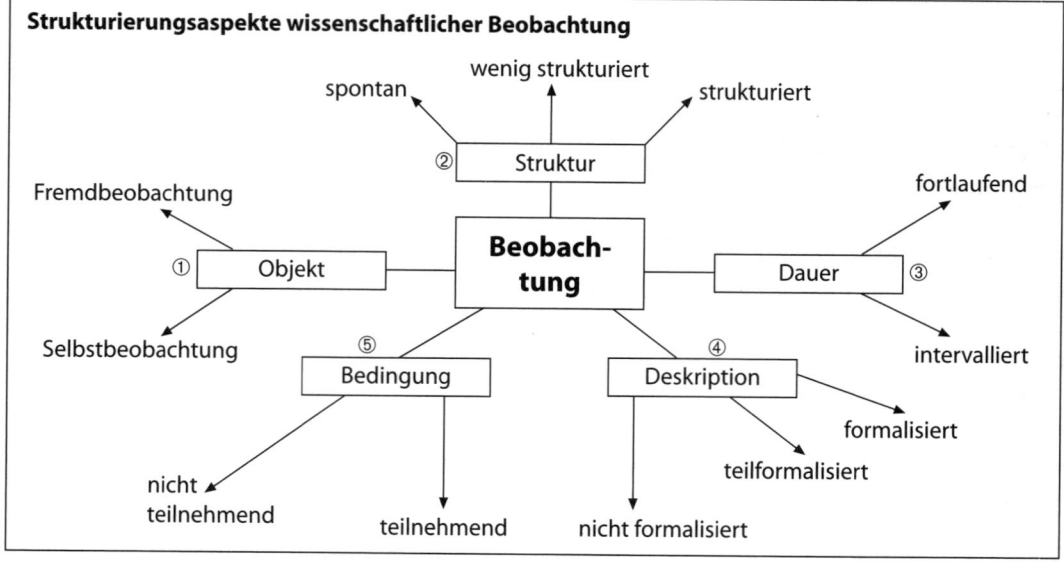

Strukturierungsaspekte wissenschaftlicher Beobachtung

- »Der S spricht mit dem Lehrer.
- Der S bittet den Lehrer um etwas.
- Der S fragt den Lehrer um Rat.
- Der S beschwert sich beim Lehrer.
- Der S zeigt dem Lehrer etwas vor« (Vorsmann 1972, S. 110).

③ Beobachtung kann vorher auf eine bestimmte Zeit begrenzt werden. Festgelegt werden muss auch, ob die Beobachtung fortlaufend oder in bestimmten Zeitintervallen, z.B. alle zwei Minuten, erfolgen soll.

④ Beobachtung bedarf der Deskription. Nur so ist es möglich, die Ergebnisse für sich selbst zugänglich und für andere überprüfbar zu machen. Die Deskription kann »formlos«, z.B. als Mitschrift, »teilformalisiert«, z.B. durch Eintragungen in Tabellenform, oder »formalisiert«, z.B. durch Eintragungen in eine Strichliste, erfolgen.

⑤ Beobachtung findet unter unterschiedlichen Bedingungen statt: Je nachdem ob der Beobachter selbst aktiv an der Gestaltung der Situation beteiligt ist, z.B. als Lehrerin oder Lehrer im Unterricht, oder ob er das Geschehen unbeteiligt beobachtet, z.B. während einer Hospitation, spricht man von »teilnehmender« und »nicht teilnehmender« Beobachtung.

4.2 Erkundung und Beobachtung im Schulpraktikum

Das Schulpraktikum dient der Erkundung des Berufsfeldes durch Beobachtung und Erprobung sowie durch Reflexion über Handlungszusammenhänge und Strukturen.

4.2.1 Was kann erkundet werden?

Schule und Unterricht beginnen nicht »bei Null«. Sie finden vielmehr auf der Folie politischer, sozialer, ökonomischer und ökologischer Rahmenbedingungen statt. Das Schulpraktikum verschafft Ihnen eine vergleichsweise günstige Ausgangslage, diese Rahmenbedingungen zu erkunden: Einerseits wird Ihre Schule Ihnen als Praktikantin oder Praktikant ein gewisses Forscherinteresse zugestehen und Ihnen viele (nicht alle) Unterlagen zugänglich machen. Andererseits ist Ihre Anfangsbelastung im Praktikum überschaubar, so dass Sie Zeit und Aktivitäten in ein eigenes Erkundungsvorhaben einbringen können, das Ihnen – z.B. mit Fotos angereichert – bei der Abfassung Ihres Praktikumsberichtes hilfreich sein wird (vgl. 9.2).

> **»Die Ausstattung des Musikraums war eine einzige Katastrophe ...«**

Machen Sie sich während Ihres Praktikums frühzeitig auf die »Spurensuche«. Mögliche Erkundungsgesichtspunkte können sein:

- Schule und Einzugsgebiet (Größe, Organisation, Einschätzung des sozialen Umfeldes usw.),
- Geschichte der Schule (alte Fotos, alte Quellen, Aussagen ehemaliger Lehrerinnen und Lehrer usw.),
- unterrichtsergänzende Beratungs- und Fördermöglichkeiten der Schule (Befragung, Beobachtung, Interviews mit Veranstaltern der ergänzenden Angebote usw.),
- außerschulische Lern- und Freizeitangebote (Befragung, Beobachtung, Interviews mit Veranstaltern usw.),
- Richtlinien/Lehrpläne und Schulbücher, Arbeitshefte oder Arbeitsblätter (Analyse und Vergleich von Vorgaben und Umsetzungen in Arbeitsmaterialien),

Erkundungsvorschläge

- Schulwege von Kindern (Strecke, Wegezeit, Gefahrenpunkte usw.),
- Art und Anlage des Pausenhofes (Aktivitätsmöglichkeiten, Bepflanzung, Unfallgefahren, Aufsichtsprobleme, Angebote in »Regenpausen« usw.),
- geschlechts- oder altersspezifische Pausenbeschäftigungen (Beobachtung, Befragung, Spielgeräteausleih usw.),
- Mediennutzung im Unterricht (vorhandene Medien und Geräte, Ausleihformen, Benutzungshäufigkeit usw.),
- Beliebtheit von Unterrichtsfächern bei den Kindern (Beobachtung, Befragung, Erklärungsansätze),
- Art, Anzahl und Umfang von Hausaufgaben im Laufe einer Woche (Beobachtung, Befragung, zeitliche Belastung usw.).

4.2.2 Was kann beobachtet werden?

Schränken Sie die Ziele der Beobachtung von vornherein ein: Geben Sie Ihren Beobachtungen eine eindeutige Fragerichtung oder einen Theorierahmen. Sie entgehen dann der Gefahr, dass Ihre Aufmerksamkeit mehr oder weniger ungesteuert von einer Auffälligkeit zur anderen pendelt – und Sie nach kurzer Zeit ermüden oder glauben, alles schon gesehen zu haben. Grundsätzlich macht es Sinn, sich vorher zu entscheiden, ob man den Unterricht in seiner Gesamtheit (Strukturierung, Sozialformen, Medieneinsatz etc.), die Aktionen des Lehrers (Mentorin/Mentor/Kommilitonen) oder die Aktionen der Kinder beobachten will.

Unterrichtsprozesse als Ziel der Beobachtung

> »Meine Betreuungslehrerin war unglaublich nett im Umgang mit den Kindern ...«

> »Ich hatte nie ein Problem, bei anderen Lehrkräften zu hospitieren. Manche luden mich direkt ein ...«

In der Hospitationsphase werden Sie anfangs versuchen, Unterricht als Ganzes zu erfassen. Das ist ein sinnvolles, zugleich aber relativ schwieriges Unterfangen, weil vieles gleichzeitig geschieht. Dennoch kann es Ihnen helfen, Problemzonen des Unterrichtsablaufes auszuloten. (Problematisch sind im Unterricht – wie im Leben überhaupt – die Übergänge von einem Zustand in einen anderen.) Da es problemlos ist, zeitliche Strukturen zu erfassen, sollten Sie dies in jedem Falle tun. Wenn Sie von der/dem Unterrichtenden vorher über die groben Schritte des geplanten Unterrichts informiert worden sind, dann können Sie Ihre Mitschrift zusätzlich nach Unterrichtsphasen gliedern. In jedem Fall sollten Sie sich nebenbei Fragen für die Nachbesprechung notieren. Halten Sie sich dabei mit Wertungen oder Festlegungen möglichst zurück und seien Sie sich der Subjektivität Ihrer Wahrnehmungen bewusst. In der Situation als Praktikantin oder Praktikant kommt es vor allem darauf an, den Blick im pädagogischen Feld zu schulen und Prozesse zu reflektieren. Dissonanzerlebnisse und innere Widersprüche sollten Ihnen dabei als Motor für die Reflexion willkommen sein.

Die Unterrichtsbeobachtung kann sich aber auch auf Einzelaspekte beziehen. So ist es beispielsweise möglich, einzelne Unterrichtsphasen z.B. bei unterschiedlichen Lehrpersonen, in unterschiedlichen Fächern usw. oder die Gliederung komplexer Inhalte in kleinere Einheiten gezielt zu beobachten: Erfassen Sie beispielsweise in unterschiedlichen Situationen und bei unterschiedlichen Lehrerinnen und Lehrern Stundenanfänge oder die Art, Hausarbeiten zu erteilen.

Lehrerhandlungen als Ziel der Beobachtung

Ihre Mentorin/Ihr Mentor oder Ihre Mitstudierenden sind Modelle, mit denen Sie sich bewusst auseinandersetzen sollten. Dabei geht es nicht darum, bestimmte Verhaltensweisen in eigenen Unterrichtsversuchen zu kopieren (obwohl es legitim ist, nach Modellen oder Rezepten Ausschau zu halten), sondern darum, Handlungsmuster zu isolieren, zu analysieren und zu reflektieren. Alle beobachtbaren Handlungsmuster und Handlungsabläufe kommen dafür infrage, z.B.:

- Lernsteuerung im Unterricht (Fragen, Impulse usw.),
- nonverbales Verhalten (Mimik, Gestik, Proxemik* usw.),
- Auswahl und Wechsel von Unterrichtsmethoden,
- Auswahl und Wechsel von Sozialformen,
- Gestaltung und Nutzung der Tafel, des OH-Projektors oder anderer Medien,
- Kooperation mit bestimmten Kindern,
- unterschiedliches Verhalten beim Aufrufen, Loben oder Tadeln von Mädchen und Jungen,
- Verhalten in Konfliktsituationen usw.

Beobachtungs-vorschläge

Da Unterricht eine *Inhaltsdimension*, eine *Vermittlungsdimension* und eine *Beziehungsdimension* hat, kann sich Ihre Beobachtung der Lehrerhandlung auf stoffliche, methodische und/oder zwischenmenschliche Aspekte des Unterrichts ausrichten.

Schülerhandlungen als Ziel der Beobachtung

Das Schulpraktikum dient der ausgiebigen Beschäftigung mit Kindern: Sie stellen Ihre künftige Klientel dar. Achten Sie aber darauf, dass Ihre Aufmerksamkeit sich nicht auf die »auffälligen« Kinder beschränkt. Suchen Sie sich nach einer Phase der allgemeinen Orientierung vielmehr auch solche Kinder aus, die im Unterricht eher unproblematisch sind. Die Beobachtungen können sich auf unterschiedliche Bereiche des Schülerverhaltens konzentrieren, z.B. auf

- Mitarbeit im Unterricht,
- Kontaktverhalten zur Lehrperson,
- Kooperation mit anderen Kindern,
- Lern- und Arbeitsverhalten,
- nicht zielorientierte Aktivitäten während des Unterrichts usw.

Dabei können sowohl eine horizontale Ausdehnung als auch eine vertikale Vertiefung der Beobachtungsrichtung sinnvoll sein. Wenn Sie das gleiche Merkmal bei unterschiedlichen Kindern beobachten (horizontale

---

* »Proxemik« ist ein Fachbegriff aus dem Bereich der Körpersprache. »Zur Proxemik gehören jene Aspekte, die das räumliche Nähe- und Distanzverhalten kennzeichnen« (Kaiser 1998, S. 82). Das sind z.B. die Sprechdistanz, Verhalten und Bewegung im Raum und die Sitzordnung.

> »Eigentlich fand ich es schon erstaunlich, mit wie viel Motivation die Kinder bei mir mitgearbeitet haben ...«

> »Während meines gesamten Praktikums hatte ich eigentlich nur vor einem Kind Angst ...«

Ausdehnung), dann erhalten Sie einen besseren Überblick über Kinder dieser Altersstufe »im Allgemeinen«. Wenn Sie dagegen unterschiedliche Beobachtungsaufgaben auf dasselbe Kind richten, dann erhalten Sie eine vertiefte Sicht auf dieses Kind »im Besonderen«. Es versteht sich von selbst, dass Sie sich nach einer allgemeinen Erkundungsphase mit Ihrer Mentorin/Ihrem Mentor und Ihren Mitstudierenden über die Beobachtungsschwerpunkte und Ihre Vorgehensweise absprechen sollten. Sie werden in der Regel mindestens zu zweit an einer Schule oder in einer Klasse sein. Da ist es sinnvoll, dass Sie zumindest punktuell die gleiche Beobachtungsaufgabe beim gleichen Kind wahrnehmen und dass Sie hinterher Ihre Beobachtungen miteinander vergleichen. Aller Wahrscheinlichkeit nach werden Sie nur teilweise in Ihren Ergebnissen übereinstimmen. Sie können dabei bemerken, wie viel subjektive Momente in die Beobachtung eingehen und wie unterschiedlich Sie die Ergebnisse interpretieren. Gleichzeitig erfahren Sie aber auch, dass viele Absprachen, Definitionen und Einengungen erforderlich sind, um zu intersubjektiv gültigen Erkenntnissen zu kommen.

Beispiel
Das folgende Beispiel zeichnet den Ablauf der Beobachtung in einer Klasse idealtypisch nach. Dabei wird besonders das »Bandbreite-Genauigkeits-Dilemma« sichtbar: Die Studierenden engen ihre Beobachtung schrittweise ein und erhalten auf diese Weise immer genauere Aussagen in einem immer schmaleren Segment.

> »Noah fiel in der Klasse von Anfang an auf, weil er so ruhig war ...«

- *Spontane Beobachtung.* Studierende hospitieren in ihrer Praktikumsklasse. Es fällt ihnen auf, dass die Beteiligung der Kinder am Unterricht der Klassenlehrerin sehr unterschiedlich ist.
- *Unstrukturierte Beobachtung.* Sie beschließen, das Phänomen der Mitarbeit genauer zu beobachten und ziehen ihre Aufmerksamkeit von anderen Aspekten des Unterrichts (z.B. vom sozialen Verhalten der Kinder untereinander) ab. In den nächsten Stunden sammeln sie Erfahrungen zur Schülerbeteiligung durch unstrukturierte Beobachtungen. Dabei haben sie noch keinen Plan darüber, welches Verhalten als »Mitarbeit« bewertet werden soll, in welchem zeitlichen Rahmen beobachtet werden soll oder ob sich die Beobachtung auf bestimmte Kinder ausrichten soll: Sie erkunden also zunächst nur die allgemeine Situation.
- *Strukturierte Beobachtung.* Nach dieser Phase der Orientierung wird in einer Vorbesprechung von der Klassenlehrerin eine bewusste Lenkung der Beobachtung auf den Bereich »Melden« vorgeschlagen. Das ist eine erhebliche Einschränkung, denn »Melden« ist nur eine der möglichen Formen von Mitarbeit. Auch Kinder, die Antworten oder Fragen in die Klasse rufen oder Kinder,

die mitdenken, sich aber nicht melden, arbeiten im Unterricht mit. Die Beobachtung der Mitarbeitsaktivitäten wird also bewusst auf eine einzige Form begrenzt.

Bewusste Einschränkung

- *Beobachtungsobjekte.* Da nicht alle Kinder der Klasse gleichzeitig zuverlässig beobachtet werden können, wird die Beobachtung von ausgewählten Kindern vereinbart.
- *Deskriptionsform.* Als Beobachtungsformular wird eine einfache Strichliste entwickelt, die in 2-Minuten-Zeitintervalle eingeteilt ist und in die jeweils ein Strich eingetragen werden soll, wenn sich eins der ausgewählten Kinder meldet.

Machen Sie sich klar, dass die Wahrnehmung der Realität »Unterricht« in diesem Beispiel durch Absprachen erheblich eingeschränkt worden ist. Von der Schüleraktivität bleibt ein einziger Strich in einer Strichliste übrig:

- Es wird nur noch »Mitarbeit« beobachtet.
- Es werden nur noch ausgewählte Kinder beobachtet.
- »Mitarbeit« wird nur auf »Melden« begrenzt.
- Die Intensität des Meldens (von »vorsichtig den Finger heben« bis »aufspringen und den Arm schlenkern«) wird nicht mehr beachtet – obwohl gerade sie den Unterrichtsprozess stark beeinflussen kann.

Checkliste 3
(S. 58)

4.2.3 Wie kann protokolliert werden?

Im wissenschaftlichen Kontext sind Beobachtungen ohne Deskription wertlos. Zwar dient Ihr Schulpraktikum nicht der Forschung, sondern der Erkundung, aber ohne Deskription geht es auch in diesem Falle nicht. Nur so stehen Ihre Beobachtungen einer diskursiven Betrachtung, z.B. im Anschluss an die Hospitation oder für Ihren Praktikumsbericht, zur Verfügung. Da Sie im Normalfall Ihre Beobachtungen nicht mit technischen Medien aufzeichnen können, sind Sie also auf Formen des Protokollierens angewiesen. Zwei Probleme der Protokollierung sollen vorweg angesprochen werden:

- Es gibt – zumindest im Zusammenhang mit der Unterrichtsbeobachtung – keine Beobachtungstechniken und erst recht keine Protokollierungsformen, mit der die Komplexität des Unterrichtsprozesses erfasst werden kann.
- Beobachtung und Bewertung rücken ohne Absicht oft sehr nah aneinander heran. Im ungünstigsten Fall kann ein Protokoll ungewollt mehr über den Protokollanten aussagen, als über die Situation, die protokolliert wurde.

Probleme des Protokollierens

Unterrichts-mitschrift

Die wichtigste Form des Protokolls für das Schulpraktikum ist vermutlich die Unterrichtsmitschrift. Aber auch hier gilt: Alles mitschreiben können Sie ohnehin nicht. Ihr Protokoll enthält also immer schon eine Selektion und damit eine Bewertung darüber, was Ihnen »mitschreibenswert« erschien. Hinsichtlich der Protokollformen kann man zwischen der wenig formalisierten, der teilformalisierten und der hoch formalisierten Deskription unterscheiden.

Nicht oder wenig formalisierte Deskription

Wortprotokolle (eine wörtliche Mitschrift) von Hospitationsstunden können Sie nicht leisten. Echte Wortprotokolle kann man im Allgemeinen nur als nachträgliche Abschrift einer Tonaufnahme erstellen. Eine solche Transkription macht viel Arbeit und ist eigentlich nur dann sinnvoll, wenn Sie dies zum Vertiefungsschwerpunkt Ihres Praktikumsberichtes (vgl. 9.2) machen wollen. Im Zusammenhang mit der Hospitation im Schulpraktikum können kurze Wortprotokolle aber dann einen Zweck erfüllen, wenn sie auf enge zeitliche Abschnitte bezogen sind oder nur einen bestimmten Ausschnitt umreißen. Es lohnt sich z.B. aufzuschreiben,

Protokollformen

mit welchen Worten die Klassenlehrerin ihre Klasse begrüßt. – Mit welchen Formulierungen sie »Ruhe und Ordnung« wieder herstellt. – Wie sie die Aufmerksamkeit der Kinder auf besondere inhaltliche Schwierigkeiten oder Lernprobleme lenkt. – Wie sie Kinder lobt, tadelt oder ermahnt – usw. Solche ausschnitthaften Wortprotokolle können dazu beitragen, Strukturen und Zusammenhänge anhand konkreter Situationen erfahrbar und durchschaubar zu machen.

Zusammenfassende Protokolle versuchen, einzelne Unterrichtsphasen beschreibend zu erfassen. Dabei schreiben Sie mit eigenen Worten – gewissermaßen erzählend – einen Verlauf auf und beziehen dabei möglicherweise auch einzelne ausgewählte und von Ihnen ggf. verknappte Abschnitte »wörtlich« mit ein. Die Gefahr dieser Art von Protokollierung, die als Form eines pädagogischen Tagebuches durchaus sinnvoll ist, liegt darin, dass sie in hohem Maße subjektiven Einflüssen unterliegt.

Teilformalisierte Deskription

Eine Teilformalisierung ergibt sich, wenn Sie in Ihrem »narrativen Protokoll« in regelmäßigen Abständen die aktuelle Uhrzeit einfügen, damit Sie nachträglich die Zeitdimension rekonstruieren können. Es empfiehlt sich auch, eine separate Spalte für zusätzliche Bemerkungen vorzusehen, z.B.:

Zeit	Beschreibung	Bemerkungen

Eine gewisse Strukturierung erhält Ihre Mitschrift aber auch dadurch, dass Sie versuchen, einzelne Unterrichtsphasen im Rahmen Ihrer Mitschrift voneinander abzugrenzen, z.B.:

Zeit	Phase	Beschreibung	Bemerkungen

Sinnvoll ist es schließlich, ein Formular mit Spalten anzulegen, in das Sie freie, aber an eine bestimmte Perspektive gebundene Eintragungen machen können. Dabei können zusätzlich Zeitintervalle berücksichtigt werden, z.B.:

Zeit	Was tut die Lehrkraft?	Was tun die Kinder?	Bemerkungen

Formalisierte Protokolle

Formalisierte Protokolle sind z.B. Strichlisten. Sie engen die Form des Protokolls sehr stark ein und eignen sich daher nicht dazu, einen Unterrichtsprozess als Ganzes zu erfassen. Als Deskriptionsform für Einzelbeobachtungen können sie dagegen sehr hilfreich sein. Die formalisierte Protokollierung von Beobachtungen setzt allerdings voraus, dass zunächst eine genaue Festlegung darüber getroffen wird, welche Verhaltensformen beobachtet und erfasst werden sollen. Für den Bereich »Kontaktverhalten: Schüler-Mitschüler« lässt sich beispielsweise die nachfolgende (nicht abgeschlossene) Liste erstellen:

Verhaltensformen festlegen

Der S spricht mit dem Mitschüler.
Der S weist den Mitschüler auf etwas hin.
Der S sagt dem Mitschüler etwas vor.
Der S schwätzt mit dem Mitschüler.
Der S hilft dem Mitschüler bei einer Tätigkeit.
Der S vergleicht etwas mit dem Mitschüler.
Der S guckt beim Mitschüler ab.
Der S stößt einen Mitschüler.
Der S schlägt einen Mitschüler (vgl. Vorsmann 1972, S. 110; gekürzt).

Liegt eine solche Liste vor, ist es möglich, während der Beobachtungszeit immer dann, wenn eine der vorab definierten Verhaltensformen auftritt, dies mit einem Strich zu protokollieren.

Kontaktverhalten des Schülers XY:	(ein Strich für jedes Auftreten)

Selbstverständlich ist es auch möglich vorab festzulegen, welches Verhalten als erwünscht und welches als unerwünscht gilt. Liegt eine entsprechende Festlegung vor, dann kann dies im Protokoll z.B. durch ein Plus- oder ein Minuszeichen festgehalten werden.

Positive Kodierung (+)	Negative Kodierung (–)
Der S spricht mit dem Mitschüler. Der S weist den Mitschüler auf etwas hin. Der S hilft dem Mitschüler bei einer Tätigkeit. Der S vergleicht etwas mit dem Mitschüler.	Der S sagt dem Mitschüler etwas vor. Der S schwätzt mit dem Mitschüler. Der S guckt beim Mitschüler ab. Der S neckt einen Mitschüler. Der S stößt einen Mitschüler. Der S schlägt einen Mitschüler.

Einfluss subjektiver Bewertung

Die formalisierte Form des Protokolls und die entsprechenden Vorarbeiten verringern zwar das Problem der subjektiven Bewertung, aber lösen es nicht völlig auf: Bei der Verhaltensform »neckt einen Mitschüler« ist zu entscheiden, ob dies als positive Kontaktaufnahme (»Was sich neckt, das liebt sich.«) oder als negative Kontaktaufnahme (»Das stört doch!«) betrachtet werden soll. Machen Sie sich bitte klar, dass auch bei einer so stark formalisierten Protokollierung immer noch subjektive Momente einfließen: Ob man nämlich »vergleicht etwas« oder »guckt ab« ankreuzt, dürfte in vielen Situationen eine Interpretationsfrage sein. Gleiches gilt auch für andere Zuordnungen. (Spricht der Schüler mit dem Mitschüler, sagt er ihm etwas vor – oder schwätzt er bloß?) Mit seiner Interpretation nimmt der Beobachter eine subjektive Wertentscheidung vor. Diese Beispiele machen deutlich, wie groß die Gefahr ist, dass am Ende die Beobachtung durch Vorurteile und subjektive Wahrnehmungsbewertungen wesentlich beeinflusst wird. Die wissenschaftliche Beobachtung – und Beobachten im Praktikum hat daran teil – muss sich also ernsthaft um eine Strukturierung bemühen und Ziele, Methoden, Strukturen und Deskriptionsformen vorab reflektieren und festlegen. Dies umso mehr, als viele Werke der Praxisliteratur »Beobachtungsbogen« vorschlagen, die in Wirklichkeit wenig mit »Beobachtung« zu tun haben. Der abgebildete Ausschnitt ist ein Beispiel dafür.

Ausschnitt aus einem Beobachtungs- bzw. Bewertungsbogen										
Selbstständigkeit	bei kognitiver Aufgabenstellung									0 = gar nicht
	bei affektiver Aufgabenstellung									1 = gelegentlich 2 = häufig
	bei manueller Aufgabenstellung									3 = immer

Schon die Kategorien zeigen ein hohes Maß an Subjektivität: Es bleibt offen, was »0 = gar nicht« im Zusammenhang mit »Selbstständigkeit bei kognitiver, affektiver oder manueller Aufgabenstellung« in der Realität bedeutet. Im Kern handelt es sich hier auch gar nicht um einen Beobachtungsbogen. Der »Beobachter« wird vielmehr aufgefordert, eine Bewertung auf einer vierstufigen Skala abzugeben. Insofern handelt es sich offensichtlich mehr um einen Bewertungsbogen (Abbildung nach: Weigert/Weigert 1996, S. 111).

4.3 Resümee

- Erkundung, Beobachtung und Hospitation der Unterrichtspraxis bilden einen selbstständigen Schwerpunkt im Schulpraktikum. Beobachtung im wissenschaftlichen Sinne unterscheidet sich von der Alltagsbeobachtung durch Planmäßigkeit, Zielgerichtetheit, methodische Reflexion und Deskription. Um das Dilemma der Vermischung von Beschreibung und Beurteilung zu verringern, sollten drei Punkte berücksichtigt werden:
- Beobachtung und Bewertung müssen bewusst so lange wie möglich voneinander getrennt werden.
- Der Beobachter soll sich zeitnah Notizen unter Bezugnahme auf das beobachtbare Verhalten machen: Abkürzungen, Symbole oder »Wertzeichen« sollten möglichst vermieden werden, weil sie später Anlass zu Fehlinterpretationen sein können.
- Die Deskription soll sich möglichst auf beobachtbares Verhalten beschränken. Wertungen sollten dagegen erst nachträglich vorgenommen werden.

Checkliste 3: Acht Schritte zur Unterrichtsbeobachtung		
Schritt	**Beispiel**	**Eigene Idee**
① Beobachtungsbereich festlegen	Z.B. »Mitarbeit im Unterricht«	
② Unstrukturierte Beobachtung durchführen	Überblick über die verschiedenen Ausdrucksformen von »Mitarbeit« erkunden	
③ Einengung auf eine bestimmte Ausdrucksform vornehmen (Verhaltenskategorie)	»Meldehäufigkeit«	
④ Aufschlüsselung der gewählten Kategorie in konkrete Verhaltensformen mit Klassenlehrerin oder Mitpraktikant/in vereinbaren	1. Der Schüler meldet sich zögernd. (Arm wird langsam auf eine mittlere Höhe gehoben.) 2. … hebt seinen Arm und schnippt mit dem Finger. 3. … schwenkt seinen Arm. 4. … springt beim Melden von seinem Platz auf. 5. … begleitet seine Meldung mit Ausrufen. (Oh, ich weiß! Hier! u.a.m.) 6. … ruft bei der Meldung den Namen der Lehrperson. 7. … reißt den Arm hoch und ruft die Antwort in die Klasse etc. (Kategorien in Anlehnung an: Vorsmann 1972, S. 108.)	
⑤ Ggf. Einengung auf bestimmte Schülerinnen und Schüler vornehmen	Z.B. besonders mitarbeitsbereite/mitarbeitsunwillige Kinder (nach Einschätzung der Klassenlehrerin oder nach eigener unstrukturierter Beobachtung)	
⑥ Deskriptionsform festlegen, Wertungen vermeiden	Reine Strichliste? Strichliste in Zeitraster? Weitere Deskriptionsform? Schätzskalen vermeiden	
⑦ Auswertung vornehmen	Quantitative und/oder qualitative Auswertung (inklusive begründete Bewertungen)	
⑧ Schlussfolgerungen/Konsequenzen für späteren eigenen Unterricht bedenken	Welche Rückschlüsse ziehe ich für meine Unterrichtsplanung? Worauf sollte ich bei Interaktionen stärker achten? Welche Konsequenzen sind bei mir selbst erforderlich?	

5 Was muss ich über Didaktik wissen?

Didaktik ist die Berufswissenschaft von Lehrerinnen und Lehrern. Obwohl die Zitate in der Randspalte dieser Seite den Eindruck erwecken, es gehe in der Schule genauso gut ohne »Didaktik« wie mit, sollten Sie sich nicht dazu verleiten lassen, »Theoriefragen« bei der Vorbereitung auf das Schulpraktikum zu vernachlässigen. Es stimmt, dass manche Lehrerinnen und Lehrer mit dem Begriff »Didaktik« nicht viel anzufangen wissen. Dennoch hat ihr didaktisches Handeln mit Sicherheit einen impliziten Theoriebezug. Sie orientieren ihr Handeln an pädagogische Überzeugungen oder Grundkonzeptionen, für die es in der Didaktik einschlägige Konzepte gibt.

> **»Ich habe in der Ausbildung [...] nicht kapiert, was unter Didaktik zu verstehen ist und weiß es heute auch noch nicht.«**
>
> **»Didaktik ist etwas fürchterlich Theoretisches.«**
>
> Lehrerinnen und Lehrer; zitiert nach Kron 2000, S. 14

5.1 Begrifflichkeit

Wahrig, Deutsches Wörterbuch (2002) beschreibt Didaktik wie folgt:

> »Wissenschaft vom Lehren u. Lernen, von den Inhalten der Bildung u. ihrer Auswahl im Lehrplan; Unterrichtslehre, Unterrichtskunde [grch. didaktike techne ›zum Unterricht gehörende, belehrende Kunst‹; zu didaskein ›lehren‹].«

Auch in der Fachliteratur beginnen viele Ausführungen zur Didaktik mit einem Hinweis auf die Herkunft des Wortes, z.B.:

> »didasko: 1. Lehrer sein, lehren, belehren, unterrichten, unterweisen, (aus)bilden; 2. einen Chor einüben und aufführen lassen; 3. belehrt oder unterrichtet werden; 4. lernen; aus sich selbst lernen, erfinden, sich aneignen; 5. jemanden in die Lehre geben, – etwas lernen lassen, – unterrichten, ausbilden lassen« (Kron 2000, S. 40).

Wichtig in diesem Zusammenhang erscheint, dass das Wort Didaktik von seinem Ursprung her sowohl das »Lehren« wie auch das »Lernen« bezeichnete. Dass es daneben weitere Bedeutungen hatte und dass sich die pädagogischen Ableitungen des Wortes in der Mehrzahl auf das »Lehren« und nicht auf das »Lernen« beziehen, kann festgehalten werden, hat aber für die gegenwärtige Diskussion keine Bedeutung. (Vgl. Kron 2000,

S. 40: Dort finden sich sieben weitere Ableitungen oder Wortbildungen, die allesamt eher auf den Bereich des Lehrens verweisen.)

Seit die Pädagogen Wolfgang Ratke (1571–1635) und Johann Amos Comenius (1592–1670) im 17. Jahrhundert ihre großen didaktischen Entwürfe vorgelegt haben, steht der Begriff Didaktik im Zentrum unterrichtsorientierter Überlegungen. Jeder halbwegs gebildete Laie, wird »Didaktik« heute eindeutig mit »Unterricht«, »Schule« oder »Pädagogik« in Verbindung bringen. Damit enden die Gemeinsamkeiten dann aber schon, weil es auch heute – trotz einer jahrhundertelangen pädagogischen Diskussion – keinen fest umrissenen, einheitlichen Didaktikbegriff gibt. Wenn es bei Lehrerinnen und Lehrern also Unklarheiten im Gebrauch des Wortes Didaktik gibt, dann liegt das mit Sicherheit auch daran.

Unterschiedliche Positionen

Um die Fülle inhaltlicher Bestimmungen für Didaktik aufzuzeigen, muss man nicht bis ins siebzehnte Jahrhundert zurückgehen. Es reicht, die letzten fünfzig Jahre zu betrachten um zu erkennen, dass sich unter dem Oberbegriff »Didaktik« sehr unterschiedliche Positionen verbergen. Kron (2000, S. 43) hat unter Bezugnahme auf Klafki, Bitter und Memmert mehrere Positionen aufgezeigt, von denen ich hier nur die drei zentralen Positionen nenne:

① Didaktik als Theorie des Lehrens und Lernens
(Dolch [6]1965, S. 45),
② Didaktik als Theorie der Bildungsinhalte
(Klafki [8]1964, S. 5ff.),
③ Didaktik als Theorie des Unterrichts
(Heimann 1965, S. 9).

Diesen Dreischritt möchte ich um zwei weitere Didaktikdefinitionen ergänzen: Einerseits, weil sie in der Literatur weite Verbreitung gefunden haben, andererseits, weil sie den traditionellen Dreiklang nach beiden Seiten abrunden:

● Didaktik als Transformation der Inhalte zu Unterrichtsgegenständen
(Kaiser/Kaiser 2001, S. 217),
● Didaktik als Theorie und Praxis des Lernens und Lehrens (Meyer 2001, S. 12; Jank/Meyer 2002, S. 14).

Die Definitionen und die nachfolgende Grafik machen deutlich, dass der Umfang der Aussagen über Didaktik differiert. Die klassischen Didaktikdefinitionen bilden das Mittelfeld (1, 2, 3). Ihnen ist je eine Definiton vor- bzw. nachgestellt, die eine sehr weite bzw. sehr enge Auslegung von Didaktik darstellen.

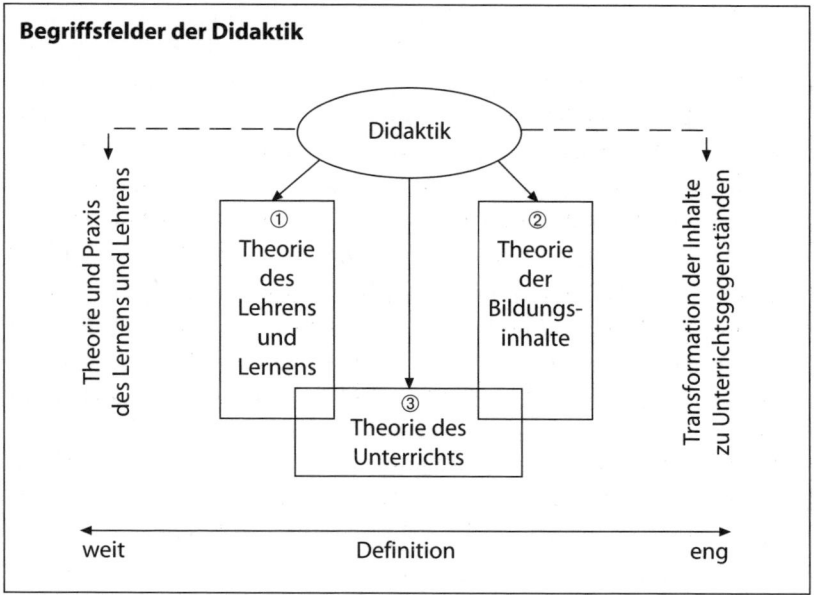

Begriffsfelder der Didaktik

① Eine *weite* Didaktikdefinition hat Josef Dolch bereits in den Fünfzigerjahren vorgelegt (1952/⁶1965, S. 45). Er versteht Didaktik als »Wissenschaft [...] vom Lernen und Lehren überhaupt [...]«. Das schließt Lehr- und Lernprozesse jeglicher Art (»in allen Formen [...] auf allen Stufen«) an jeglichem Ort ein. Dieser Didaktikbegriff erscheint mir für den »schulischen Gebrauch« wenig zweckmäßig: Zwar steht außer Frage, dass das Leben vielseitige Lehr- und Lernmöglichkeiten bietet (vom Laufstall bis zum Altersheim). Selbst wenn es gelingen würde, dieses Universum von Lehr- und Lernmöglichkeiten zu analysieren und zu katalogisieren, würde sich die Frage stellen, ob und wie ein solches Konvolut zu nutzen wäre. Abgesehen von der prinzipiellen Uneinlösbarkeit des Anspruches ist auch nicht zu erkennen, dass die Didaktik in den letzten fünfzig Jahren ernsthafte Anstrengung unternommen hätte, diese Definition in didaktische Modelle oder andere didaktische Handlungshilfen umzusetzen.

Theorie vom Lernen und Lehren

② Eine *enge* Didaktikdefinition wurde ebenfalls in den Fünfzigerjahren vorangetrieben und entschieden vertreten. Sie betrachtete Didaktik als Theorie der Bildungsinhalte. Bei dieser Positionierung der Didaktik findet eine Konzentration auf die Frage nach den Inhalten des Bildungsprozesses statt. Es ist erkennbar, dass damit eine erhebliche Einschränkung der Spannweite des Didaktikbegriffs verbunden ist. Die Beschränkung auf die Inhaltsfrage mag zunächst einmal als eine legitime Position erscheinen. Unter pragmatischen Gesichtspunkten ist dieser Didaktikbegriff aber ebenfalls unzweckmäßig. Zwar ist nicht zu bestreiten, dass die Auswahl und Begründung von Bildungsinhal-

Theorie der Bildungsinhalte

ten einen wesentlichen Aspekt von Lehr- und Lernprozessen darstellt, aber dies ist doch nicht alles. Während die erste Definition also zu vieles einschloss, schließt diese zu vieles aus. Diese Positionierung der Didaktik ist vor allem in den Fünfziger- und Sechzigerjahren diskutiert worden. Sie kann heute als überwunden angesehen werden.

③ Zwischen diesen beiden Positionen etablierte sich in den Sechzigerjahren ein pragmatischer Didaktikbegriff: Didaktik sollte als Theorie des Unterrichts verstanden werden (Heimann 1965, S. 9). »Didaktik [...] umfasst das weite Wirklichkeitsfeld gesellschaftlich legitimierter, organisierter und auf professioneller Basis durchgeführter Lehr- und Lernprozesse. Sie können im weitesten Sinne als Unterricht definiert werden« (Kron 2000 , S. 44). Hier wird Didaktik deutlich weiter als im zweiten Ansatz beschrieben. Es geht nicht nur um die Bildungsinhalte, sondern um die Lehr- und Lernprozesse insgesamt. Diese Position richtet den Didaktikbegriff auf Unterricht aus. Sie schließt alle Bildungsinstitutionen ein und beschränkt sich ausdrücklich nicht nur auf Schule. Zugleich ist die Definition aber deutlich enger als die der Position 1, weil sie sich nur auf solche Lehr- und Lernprozesse bezieht, die

Theorie des Unterrichts

- gesellschaftlich legitimiert sind,
- auf professioneller Basis durchgeführt werden und
- in organisierten Prozessen stattfinden.

Um das Spektrum zu ergänzen, sind zwei weitere Didaktikpositionen zu nennen, die auf der eng-weit-Skala der obigen Abbildung an den beiden äußeren Enden angesiedelt sind:

Transformation zu Unterrichtsgegenständen

- Als *engste Position* erscheint mir eine Definition der Didaktik als »die nach bestimmten Prinzipien durchgeführte und auf allgemeine Intentionen bezogene Transformation von Inhalten zu Unterrichtsgegenständen« (Kaiser/Kaiser 2001, S. 217). Sie lenkt den Blick auf die notwendige didaktische Transformation und Reduktion. Dagegen bleibt die Frage nach der Legitimation der Inhalte (②) offen. Auch Organisation und Strukturierung der Lehr-Lernprozesse (① und ③) bleiben von diesem Didaktikbegriff weitgehend unberührt.

Theorie und Praxis des Lernens und Lehrens

- Die *weiteste Definition* des Begriffes geht über die Position 1 noch einmal deutlich hinaus. Sie versteht Didaktik als »Theorie *und* Praxis des Lernens und Lehrens« (Jank/Meyer 2002, S. 14; Herv. von mir). Ich halte diesen Ansatz aus zwei Gründen für unzweckmäßig: Deutlicher noch als die Position 1 schließt sie jegliche Lehr-Lernsituation des gesamten Lebensprozesses ein – denn die Praxis des Lernens beginnt mit der Geburt (wahrscheinlich sogar schon früher) und endet mit dem Ableben. Insofern ist die Kritik der Position 1 hier zu wiederholen. Es kommt hinzu, dass *Praxis* zum definierenden Element der Didaktik wird. (Die »klassischen Definitionen« verstehen Didaktik explizit als Theorie.) Die emanzipatorische Absicht der Position von Jank/Meyer liegt zweifellos in der hierarchiefreien Zusammenschau von Theorie und Praxis. Allerdings wird man kaum bestreiten können, dass es auch eine autoritäre, borniert oder schikanöse *Praxis* von Lehren und Lernen – nicht nur in der Schule – gibt. Wenn aber Praxis ohne Einschränkung als Definitionsmerkmal einbezogen würde, dann könnte Didaktik durch gute und schlechte Praxis gleichermaßen definiert werden, wodurch sie ihre steuernde Wirkung, die sie z.B. im Rahmen der didaktischen Modelle entfaltet, verlieren würde. Diese Definition ist von den Autoren selbst einschränkend als Minderheitenposition gekennzeichnet worden (Jank/Meyer 2002, S. 15).

Zusammenfassend lässt sich wie folgt resümieren:

- Der Didaktikbegriff weist unterschiedliche Bandbreiten auf.
- Dadurch wird Didaktik zu einer »Sache der Definition, die aufgrund der unterschiedlichen Aufgaben- und Funktionsfelder immer variabel bleiben wird« (Hinz 2002, S. 55).

Für den nachfolgenden Text, in dem es um Schulpraktikum und Unterricht geht, schließe ich mich eng der Position ③ an, die in der Abbildung eine mittlere Position einnimmt. Sie wird von namhaften Autoren getragen, wie die nachfolgenden Zitate verdeutlichen:

»Didaktik ist die Theorie des Unterrichts« (Heimann 1965, S. 9).

»Die allgemeine Didaktik befaßt sich [...] mit den allgemeinen Prinzipien, den Strukturmomenten und der Institutionalisierungsproblematik organisierten Lehrens und Lernens« (Heursen 1989/1995, S. 407).

»Die Allgemeine Didaktik (ist die; W.T.) Theorie des Unterrichts auf allen Schulstufen, in allen Unterrichtsfächern und zu unterschiedlichen Lehrzwecken« (Glöckel 1992, S. 15).

»Didaktik (als Theorie und Wissenschaft vom Unterricht; W.T.) umfaßt das weite Wirklichkeitsfeld gesellschaftlich legitimierter, organisierter und auf professioneller Basis durchgeführter Lehr- und Lernprozesse« (Kron 2000, S. 44).

Diese Definitionen richten den Fokus der Didaktik als Berufswissenschaft von Lehrerinnen und Lehrern auf die professionellen, organisierten Lehr- und Lernprozesse, also auf *Unterricht*. Dies sieht vielleicht nach einer Nähe zu frontal oder lehrgangsmäßig organisiertem Unterricht aus – ist aber keineswegs zwingend der Fall. Der Begriff Unterricht schließt neben den traditionellen Formen viele weitere Formen mit ein, die sich aufgrund unterschiedlicher Grade der Offenheit (z.B. offener Unterricht), unterschiedlicher Formen der Individualisierung (z.B. Freiarbeit) und der Diversifizierung von Lernorten (z.B. Klassenfahrt) vom klassischen lehrgangsmäßig organisierten Unterricht unterscheiden.

Die gewählte Definition soll um drei Momente, die gesondert anzusprechen sind, ergänzt werden, und zwar um die Zusammenhänge von

● allgemeiner Didaktik und spezieller Didaktik,
● Didaktik und Methodik,
● Didaktik und Bezugswissenschaften.

Zusammenhang von allgemeiner Didaktik und spezieller Didaktik

Begriffliche Differenzierungen

Als Unterformen der allgemeinen Didaktik haben sich spezielle Didaktiken etabliert, die als Fachdidaktiken, Stufendidaktiken (stufenbezogene Didaktik) und Lernbereichsdidaktiken bezeichnet werden. Spezielle Didaktiken sind als Konkretisierungsfelder der »allgemeinen Didaktik« zu verstehen und akzentuieren deren Aspekte im Hinblick auf ihren Gegenstandsbereich, z.B. im Hinblick auf Unterrichtsfächer (Deutschdidaktik), Schulstufen (Grundschuldidaktik) oder übergreifende Lernbereiche (Umwelterziehung). Daneben sind auch »Schulartendidaktiken« (z.B. Didaktik des Gymnasiums) zu nennen.

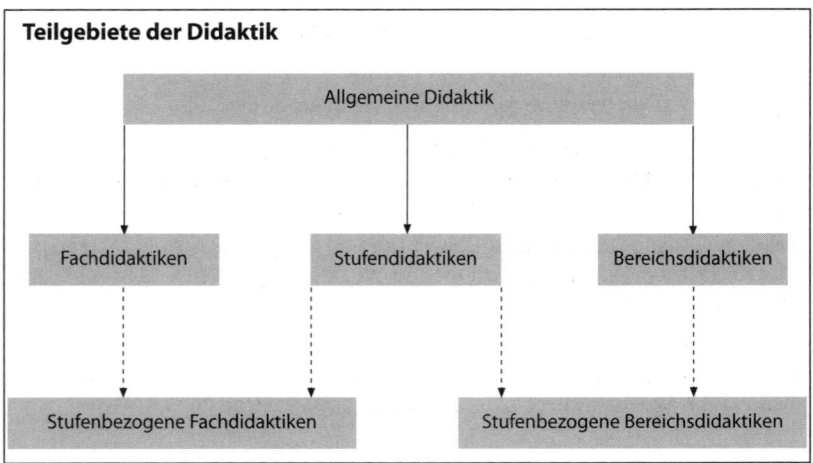

Angesichts der zunehmenden Flexibilität des Schulsystems und der vielfältigen Übergänge zwischen den Schularten erscheinen Schulartendidaktiken heute aber fragwürdiger denn je: Was wird aus der »Realschuldidaktik« in der Sekundarstufe I? Was wird aus der »Hauptschuldidaktik«, wenn Hauptschule und Realschule zur Sekundarschule zusammengefasst werden? Was wird aus der Didaktik des Gymnasiums in der integrierten Gesamtschule?

Zwischen speziellen Didaktiken und der allgemeinen Didaktik, aber auch untereinander gibt es vielfältige Verflechtungen und wechselseitige Abhängigkeiten. Stufendidaktiken sind von ihrer Orientierung her auf Lebensalter, Entwicklungs- und Schulstufen ausgerichtet. Sie realisieren sich nicht nur in der besonderen Akzentuierung didaktischer Prinzipien, sondern auch in stufenbezogenen Fach- und Bereichsdidaktiken.

Zusammenhang von Didaktik und Methodik

Die Frage, ob die Methodik eine eigenständige Kategorie bildet oder in der Didaktik enthalten ist, war in den Fünfziger- und Sechzigerjahren als ernsthaft zu erörternde Fragestellung diskutiert worden. In der Tradition der geisteswissenschaftlichen Pädagogik wurde Didaktik als Theorie der Bildungsinhalte aufgefasst (Position 2). Wenn sich Didaktik also *nur* auf die Inhalte beziehen sollte, dann waren Fragen der Vermittlung (Methodik) explizit *nicht* in der Didaktik enthalten. Aus dieser Zeit stammt die pragmatische Unterscheidung, die Didaktik beschäftige sich mit dem »Was«, die Methodik mit dem »Wie« des Unterrichts. Da diese Unterscheidung aber nur für ein bestimmtes Konzept zutraf, setzte sich ein begriffliches Nebeneinander von der Didaktik im »engeren Sinne« und der Didaktik im »weiteren Sinne« durch. So heißt es etwa im Lexikon der Pädagogik (1970): **Didaktik im engeren Sinne**

- »Die Didaktik im engeren Sinne umschreibt das Aufgabengebiet der Wissensinhalte und ihrer Voraussetzungen, während Methodik die Weise der Vermittlung der Inhalte beschreibt.«
- »Die Didaktik im weiteren Sinne [...] umfasst alle Theorien des Unterrichts« (Schäfer 1970, S. 298; Gliederungspunkte eingefügt).

Letztlich handelt es sich hier um eine Definitionsfrage: Betrachtet man Didaktik als »Unterrichtswissenschaft«, dann ist die »Methodik« eingeschlossen. Betrachtet man Didaktik als »Theorie der Bildungsinhalte« oder noch enger »Theorie des Lehrplans«, dann ist Methodik per Definition ausgeschlossen. Der heute verbreitete Gebrauch des Begriffes Didaktik entspricht der »Didaktik im weiteren Sinne«. Da nach dieser Definition *Prinzipien, Strukturmomente* und die *Institutionalisierungsfrage* Teil der Didaktik sind, gehören Bedingungen, Ziele, Inhalte, Methoden und die Überprüfung des Erfolgs pädagogischen Handelns als Aufgabenaspekte in den Bereich der Didaktik. Klar sollte in jedem Falle sein, dass man Didaktik und Methodik nicht synonym verwenden kann. **Didaktik im weiteren Sinne**

Didaktik und Bezugswissenschaften

Pädagogik beschäftigt sich mit einer breiten Palette von Fragen wie Entwicklung, Lernen und Interaktion, die auch in anderen Wissenschaften unter ähnlicher Perspektive aufgegriffen werden. Daher ist es logisch, dass Lehramtsstudierende nicht nur Pädagogik studieren müssen – was schon eine flüchtige Durchsicht von Prüfungs- und Studienordnungen zeigt. Für die Didaktik als Teilgebiet der Pädagogik gilt die Aussage einer **Verflechtung** mit anderen Disziplinen in gleicher Weise. Auch sie ist auf Bezugswissenschaften oder -disziplinen angewiesen, um ihren Aufgaben gerecht werden zu können. Dabei geht es um eine Zusammenarbeit

Verflechtung mit anderen Disziplinen

- mit anderen Teildisziplinen der Pädagogik,
- mit Nachbarwissenschaften oder Bezugswissenschaften (i.S. des erziehungswissenschaftlichen Studiums in den Lehramtsstudiengängen),
- mit Fachwissenschaften und Fachdidaktiken (i.S. des Studiums von Unterrichtsfächern in den Lehramtsstudiengängen).

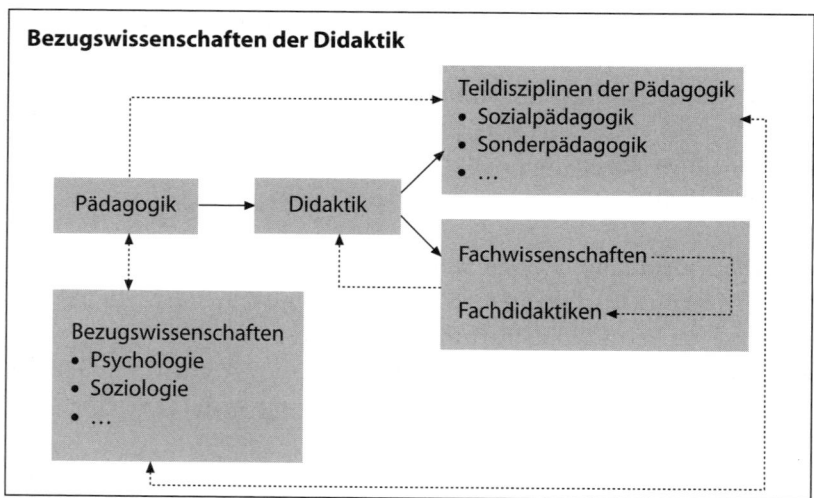

5.2 Modelle der Didaktik

Die angesprochenen Differenzen bei der Bestimmung des Gegenstandsfeldes der Didaktik (S. 61) machen deutlich, dass es unterschiedliche Positionen im Verständnis von Didaktik gibt. Blankertz hat in seinem Klassiker zu diesem Thema »Theorien und Modelle der Didaktik« (1. Auflage 1969 – 14. Auflage 2000) die Vielfalt in der Diskussion nachgezeichnet. Kron gelang es schon 1993, eine Gesamtzahl von dreißig (in Ziffern: 30)

Theorien und Modellen didaktischen Handelns in der deutschsprachigen Literatur nachzuweisen (Kron 2000, S. 117). Da es sich dabei wie bei der Richterskala (nach dem amerikanischen Seismologen C.F. Richter) um eine nach oben offene Skala handelt, sollten Sie die Zahl 30 nur als temporär betrachten: Inzwischen sind einige Theorien und Modelle nachzutragen. Aus der Sicht von Lehrerinnen und Lehrern mag diese Unabgeschlossenheit negativ wirken. Aus erziehungswissenschaftlicher Sicht ist sie dagegen positiv zu bewerten: Sie ermöglicht es, die Bewegungen und Erschütterungen des wissenschaftlichen Diskurses aufzunehmen und umzusetzen. In einer dynamischen Gesellschaft mit einem sich fortlaufend wandelnden Schul- und Bildungssystem wären starre Didaktikvorstellungen kein Vorteil, sondern ein Nachteil.

Vielfalt didaktischer Modelle

Didaktikmodelle kann man als »Vorstufen zu Theorien« ansehen (Aschersleben 1983, S. 62). Insofern dienen sie zunächst dem wissenschaftlichen Diskurs. Kiper fasst diese Bedeutung in vier Punkten zusammen. Danach ermöglichen es Didaktikmodelle,

- »in die Komplexität des Unterrichts Übersicht und Ordnung durch Reduktion auf wesentliche Aspekte zu bringen,
- Rationalität im Unterrichtsgeschehen stärker zu eröffnen, als dies durch Unterrichtsrezepte möglich wäre,
- Grundlagen für Unterrichtsbeobachtung und Unterrichtsforschung zu legen,
- Hilfen für Planung und Analyse von Unterricht zu gewähren« (Kiper 2001a, S. 122).

Funktionen

Didaktische Modelle sind also nicht nur für die Theoriediskussion grundlegend, sie nehmen auch die Praxis in den Blick. Im nachfolgenden Abschnitt soll es nicht darum gehen, die Vielfalt der Modelle zu diskutieren, sondern zwei wesentliche Strömungen, auf die Sie explizit oder implizit bei Ihren Begegnungen mit Schulpraxis immer wieder stoßen werden, nachzuzeichnen.

5.2.1 Bildungstheoretische Didaktik

Die bildungstheoretische Perspektive der Didaktik ist weiter oben bereits als »Didaktik im engeren Sinne« (Position 2, S. 61) angesprochen worden. Der bildungstheoretische Ansatz wandte sich gegen die normative Didaktik, bei der von einem normativ festgelegten Bildungs- und Erziehungsziel die weiteren pädagogischen Handlungsschritte abgeleitet werden sollten. Er war in dieser Hinsicht ein Fortschritt und hat die Nachkriegsdiskussion stark belebt. Von den Fünfzigerjahren des letzten Jahrhunderts an kann Wolfgang Klafki als ihr hervorragender Vertreter bezeichnet werden (vgl. u.a. Klafki 1980; 1996).

Bildungsinhalte   Die bildungstheoretische Didaktik stellt die Wahl der Bildungsinhalte in das Zentrum ihrer Überlegungen, weil sich Bildung nur in der Begegnung des Lernenden mit einem Inhalt vollziehen kann. Angesichts der Vielzahl möglicher Inhalte beschäftigt sich die bildungstheoretische Didaktik mit der Frage, was einen Inhalt zum Bildungsinhalt werden lässt. Die formale Antwort ist einfach. Nur wenn ein Inhalt auch einen Bildungsgehalt hat, dann kann sich in der Auseinandersetzung mit ihm Bildung vollziehen. Nur dann ist der Inhalt als Bildungsinhalt legitimiert, und es ist sinnvoll, ihn zum Gegenstand organisierter Lehr- und Lernprozesse zu machen.

> »Was ein Bildungsinhalt sei oder worin sein Bildungsgehalt oder Bildungswert liege, das kann erstens nur im Blick auf bestimmte Kinder und Jugendliche gesagt werden [...] und zweitens nur im Blick auf eine bestimmte, geschichtlich-geistige Situation mit der ihr zugehörigen Vergangenheit und der vor ihr sich öffnenden Zukunft« (Klafki 1964, S. 12).

Der Bildungsgehalt/Bildungswert kann also nicht ein für alle Mal im Voraus festgelegt werden, sondern muss sich in der aktuellen Situation jeweils erst neu erweisen. Aus dem bisher Gesagten ergeben sich zwei Konsequenzen:

Primat der Didaktik vor der Methodik
- Wenn der Bildungswert eines Lernprozesses von seinem Inhalt abhängt, dann gerät der Inhalt in das Zentrum des Interesses: Man muss daher zuerst das »Was« des Lernprozesses bedenken. Danach kann man sich erst um das »Wie« – um die Form der Vermittlung – kümmern. Es entsteht die »Didaktik im engeren Sinne« mit einem Primat der Didaktik vor der Methodik.
- Da der Bildungsgehalt oder Bildungswert nicht im Voraus festgelegt werden kann, muss er im Blick auf bestimmte Lerner jeweils neu ermittelt werden. Dafür bedarf es eines spezifischen Instrumentariums. Als ein solches hat Klafki die diaktische Analyse entworfen.

Die Didaktische Analyse

Die »Didaktische Analyse« wurde von Wolfgang Klafki erstmals 1958 vorgestellt. Er formulierte »fünf didaktische Grundfragen« und eine Reihe von Unterfragen, deren gemeinsames Ziel es ist, die Verwendbarkeit eines Inhalts als Bildungsinhalt zu überprüfen. Ein Teil der Fragen bringt bereits eine methodische Orientierung in den Blick oder leitet zumindest ansatzweise zur Methodik über. (Zu den Inhalten der Didaktischen Analyse vgl. S. 100ff.) Die Didaktische Analyse fragt nach dem »Wozu« (Bildungsgehaltsanalyse), nach dem »Was« (Sachanalyse) und zumindest ansatzweise auch nach dem »Wie« (Ansätze einer Methodenanalyse).

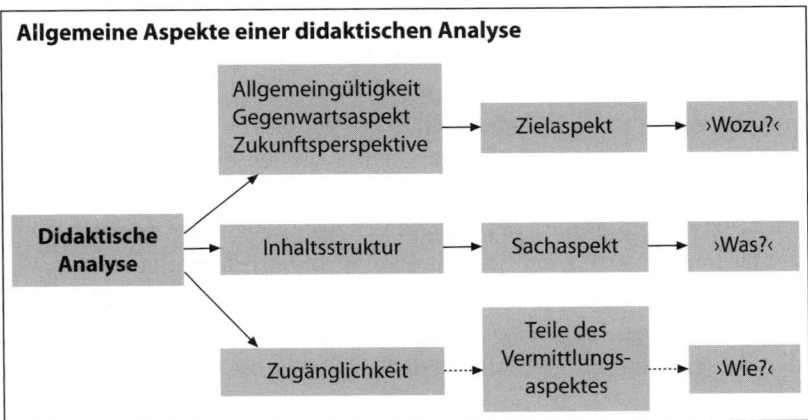

Allgemeine Aspekte einer didaktischen Analyse

Kritisch-konstruktive Didaktik

Die Didaktische Analyse hatte über Jahre (Jahrzehnte) hinweg Bestand. Als Klafki seine Didaktikposition in den Achtzigerjahren in überarbeiteter und angepasster Form als »kritisch-konstruktive Didaktik« vorstellte und ein vorläufiges Strukturmodell damit verband, wurde die Didaktische Analyse modifiziert und anderen Didaktikpositionen angenähert. Peterßen hat unter Verweis auf Klafki (1978, S. 49–83) auf folgende Veränderungen hingewiesen:

Weiterentwicklung der didaktischen Analyse

- »Das Perspektivenschema ist nicht mehr bloß ›Kern der Unterrichtsvorbereitung‹, sondern ein generelles Planungsinstrument. Die Befassung lediglich mit Inhaltsfragen des Unterrichts wird zugunsten der Behandlung aller Unterrichtsdimensionen aufgegeben: ›Eine Neufassung der Didaktischen Analyse muß also den Zusammenhang zwischen Ziel- und Inhaltsproblematik und der Vermittlungs- und Medienproblematik schärfer in den Blick fassen‹ (Klafki 1978, S. 71).
- Nicht den Inhalts-, sondern den Zielentscheidungen wird die größte Bedeutung für die Planung zugesprochen: ›Man müßte von einem *Primat der Intentionalität* gegenüber allen anderen Dimensionen des didaktischen Feldes sprechen, d.h. vom Primat der *Intentionalität* gegenüber dem Bereich der Thematik, den Methoden, den Medien und den dahinterstehenden anthropogenen und soziokulturellen Voraussetzungen‹ (ebd.).

- Wie gegenwärtig alle Planungsmodelle, so sieht auch das Perspektivenschema bereits für die Planung den Einbau von Kontrollen und Überprüfungen vor« (Peterßen 1998, S. 62–63).

In einem weiteren Punkt nahm Klafki eine Präzisierung vor. Die Frage nach der »exemplarischen Bedeutung« (eine der fünf Kernfragen der didaktischen Analyse) sollte umformuliert werden »als Frage nach den Lernzielen, die man an Hand eines bestimmten Themas anstreben möchte oder anstreben kann« (Klafki 1978, S. 42). Insgesamt entwirft Klafki ein Perspektivenschema, bei dem zwischen den meisten der Elemente ein Interdependenzzusammenhang angenommen wird. Wichtig erscheint auch, dass die Voraussetzungen der Lerngruppe oder einzelner **Bedingungs-** Kinder in einer expliziten Bedingungsanalyse berücksichtigt werden sol- **analyse** len. Auf diese Weise ergeben sich für die »kritisch-konstruktive Didaktik« insgesamt sieben Fragenkomplexe, die sich auf fünf didaktische Felder verteilen, und zwar (vgl. Klafki 1996, S. 270–284; s.a. S. 100ff.):

- *Bedingungen* des pädagogischen Handelns (Analyse der anthropologischen und institutionellen Bedingungen),
- *Begründungen* für die gewählten Inhalte (Gegenwarts-, Zukunftsbedeutung, exemplarische Bedeutung),
- *thematische Strukturierungen* (Bearbeitungsperspektive, innere Strukturen, Verstehensschichten, Zusammenhänge und Überprüfbarkeit),
- *Zugangsmöglichkeiten* (im Hinblick auf Inhalt, Lerngruppe und Rahmenbedingungen),
- *Lehr-Lernprozess-Strukturen* (methodische Strukturierung).

Seine veränderten Vorstellungen hat Klafki 1985 in einer schematischen Darstellung zusammengefasst.*

Zusammenfassung

Vergleicht man die Fragen der Didaktischen Analyse mit denen des Perspektivenschemas, so lassen sich zahlreiche Neuerungen formulieren, die ich in fünf Punkten zusammenfasse:

- Eine wesentliche Neuerung liegt im Abrücken vom Primat der Didaktik im Verhältnis zur Methodik. An seine Stelle oder als seine »Weiter-

---

* Die Abbildung wurde im Sinne eines Zitates übernommen aus: Peterßen [8]1998, S. 63.

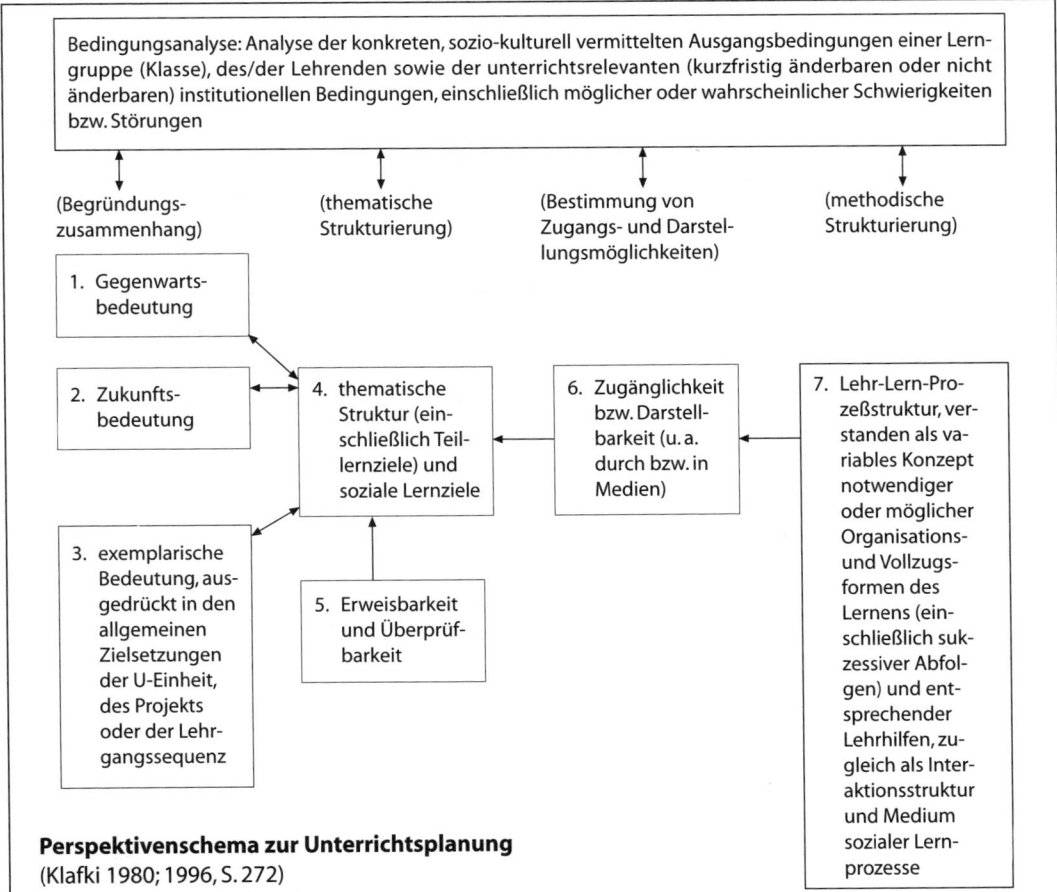

Bedingungsanalyse: Analyse der konkreten, sozio-kulturell vermittelten Ausgangsbedingungen einer Lerngruppe (Klasse), des/der Lehrenden sowie der unterrichtsrelevanten (kurzfristig änderbaren oder nicht änderbaren) institutionellen Bedingungen, einschließlich möglicher oder wahrscheinlicher Schwierigkeiten bzw. Störungen

(Begründungs-zusammenhang)

(thematische Strukturierung)

(Bestimmung von Zugangs- und Darstellungsmöglichkeiten)

(methodische Strukturierung)

1. Gegenwarts-bedeutung

2. Zukunfts-bedeutung

3. exemplarische Bedeutung, ausgedrückt in den allgemeinen Zielsetzungen der U-Einheit, des Projekts oder der Lehrgangssequenz

4. thematische Struktur (einschließlich Teillernziele) und soziale Lernziele

5. Erweisbarkeit und Überprüfbarkeit

6. Zugänglichkeit bzw. Darstellbarkeit (u.a. durch bzw. in Medien)

7. Lehr-Lern-Prozeßstruktur, verstanden als variables Konzept notwendiger oder möglicher Organisations- und Vollzugsformen des Lernens (einschließlich sukzessiver Abfolgen) und entsprechender Lehrhilfen, zugleich als Interaktionsstruktur und Medium sozialer Lernprozesse

Perspektivenschema zur Unterrichtsplanung
(Klafki 1980; 1996, S. 272)

entwicklung und Präzisierung« tritt die Erkenntnis »vom Primat der Zielentscheidungen im Verhältnis zu allen anderen, den Unterricht mitkonstituierenden Faktoren« (Klafki 1996, S. 116).

- Auch der deutlich formulierte Gedanke einer Interdependenz zwischen den einzelnen Didaktikfeldern tritt neu hinzu. Dieser Aspekt war ein zentraler Punkt der »lerntheoretischen Didaktik« von Paul Heimann (s. S. 72). Im Perspektivenschema wird die Interdependenz allerdings eingeschränkt: Sie soll nicht als gleichartige Abhängigkeitsbeziehung, sondern im Sinne von wechselseitigen, aber qualitativ unterschiedlichen Beziehungen verstanden werden. (Deshalb sind auch nicht alle Faktoren mit doppelter Pfeilspitze untereinander verbunden.)

Primat der Zielentscheidungen

- Neu ist auch die Einbeziehung der Bedingungsanalyse, die von Klafki selbst explizit auf die »lerntheoretische Didaktik« zurückgeführt wird. Alle anderen didaktischen Felder müssen durch diesen Filter betrachtet werden. Explizit wird eine »Besinnung auf die institutionel-

len Bedingungen des Unterrichts« im Feld »Zugänglichkeit und Darstellbarkeit« angesprochen (Klafki 1980, S. 23).

● Die Frage nach der »Erweisbarkeit und Überprüfbarkeit« (im Perspektivenschema der Fragenkomplex 5) nimmt Bezug auf die Lern-
ziel- und Curriculumdiskussion, die in den Siebziger- und Achtzigerjahren eine zentrale Bedeutung in der pädagogischen Diskussion hatte. Dabei soll allerdings kein verhaltenstheoretischer oder behavioris-
tisch orientierter, sondern ein kritischer Lernzielbegriff verwendet
werden (vgl. Klafki 1978, S. 72).

● Schießlich tritt die Frage nach der Lehr-Lernprozess-Struktur (vulgo:
Methodenfrage) hinzu. Sie ist in das Perspektivenschema neu aufgenommen und richtet sich »auf die methodische Strukturierung bzw.
auf die Strukturierung des Lehr-Lern-Prozesses. Gleichzeitig wird damit immer nach Interaktionsformen [...] gefragt« (Klafki 1980, S. 23).
Mit dieser Formulierung schließt Klafki die Sozialformen in sein Per-
spektivschema mit ein.

Insgesamt findet eine deutliche Annäherung an die »lerntheoretische Didaktik« statt: Unterschiede bestehen im Wesentlichen im Primat der Ziele und in der Annahme von gerichteten Interdependenzen.

5.2.2 Lerntheoretische/lehrtheoretische Didaktik

**Orientierung
an der
Unterrichts-
praxis**

Mit der Bezeichnung »lerntheoretische Didaktik« trat zu Beginn der
Sechzigerjahre eine didaktische Gegenströmung zur »bildungstheoretischen Didaktik« auf den Plan. Sie forderte eine stärkere Orientierung an
der Unterrichtspraxis. Verbunden ist dieser konzeptionelle Ansatz mit
dem Namen von Paul Heimann (1901–1967). Ausgebaut und vertreten
wurde die lerntheoretische Didaktik in der Folgezeit vor allem von Wolfgang Schulz (1929–1993). Heimanns Kritik an dem seinerzeit dominierenden Didaktikkonzept richtete sich besonders dagegen, dass sich die
bildungstheoretische Didaktik vorwiegend auf die Auswahl der Bildungsinhalte konzentrierte und Fragen der unterrichtlichen Umsetzung
weitgehend ausschaltete. Zur Erinnerung: Klafki hatte die »Didaktische
Analyse als Kern der Unterrichtsvorbereitung« beschrieben. Zwar hatte
auch die Didaktische Analyse bereits nach der Zugänglichkeit des Lernin-
haltes gefragt und eine Methodenanalyse knapp skizziert, blieb aber hinsichtlich der eigentlichen Organisation und Steuerung der Lehr- und
Lernprozesse im Unterricht absolut unbestimmt. Diese Kritik gilt in ab-
geschwächter Form auch für die »kritisch-konstruktive Didaktik« und
das dort vorgestellte Perspektivenschema (s. S. 71). Im Gegensatz zur Didaktik »im engeren Sinne« versucht Heimanns Didaktikansatz Unter-

richt als Ganzes zu erfassen. Heimanns Didaktik ist also im Vergleich zu Klafkis Ansatz eine Didaktik »im weiteren Sinne«.

Heimann führte den Begriff »lerntheoretisch« in »Abweichung vom psychologischen Sprachgebrauch« für eine Didaktikposition ein, die die Gesamtheit der Lehr- und Lernvorgänge im Unterricht in den Fokus ihrer Betrachtungen stellte (Heimann 1962, S. 116). Als sich in der Folge der Begriff »Lerntheorie« in seiner psychologischen Bedeutung durchsetzte, wählte Heimanns Mitarbeiter, Wolfgang Schulz, den Begriff »lehrtheoretische Didaktik«. Dies sollte der Tatsache gerecht werden, dass das Lehren im Mittelpunkt steht. Da Paul Heimann, Gunter Otto (ein weiterer Mitstreiter für dieses Modell) und Wolfgang Schulz in Berlin lehrten, etablierten sich daneben die Begriffe »Berliner Modell« und »Berliner Didaktik«. Nicht durchgesetzt hat sich dagegen der Begriff »unterrichtstheoretische Didaktik« (Schäfer 1970, S. 298), obwohl dies der Didaktikvorstellung Heimanns weitgehend entsprach. Da Schulz und Otto (nach Heimanns Tod die hervorragendsten Vertreter dieses Modells) später nicht mehr in Berlin, sondern in Hamburg lehrten, wurde in der Weiterentwicklung aus dem »Berliner Modell« das »Hamburger Modell«.

Begriffswandel

Weiterentwicklung

»Berliner Didaktik«

Heimann versuchte, Unterrichtspraxis theoretisch zu durchdringen. Sein Ansatz war darauf gerichtet, allgemeine Strukturen, die unabhängig von der jeweiligen Ausgestaltung des konkreten Unterrichts nachweisbar sind, zu erfassen und zu analysieren. Sein Ziel war es, ein Instrumentarium zu schaffen, das eine rationale Betrachtung von Unterricht auf einer empirischen Basis erlaubt. Dies setzt die Beobachtung konkreten Unterrichts voraus. In einer bestechend einfachen Formulierung fasste Paul Heimann seine Position so zusammen:

> Im Unterricht geht es um die Beantwortung folgender Grundfragen:
>
> »1. In welcher *Absicht* tue ich etwas?
> 2. *Was* bringe ich in den Horizont der Kinder?
> 3. *Wie* tue ich das?
> 4. Mit welchen *Mitteln* verwirkliche ich das?
> 5. An *wen* vermittele ich das?
> 6. In welcher *Situation* vermittle ich das?«
> (Heimann 1961, S. 105f.)

Wolfgang Schulz beschreibt im Anschluss an Heimann den Zusammenhang wie folgt: »Mindestens *sechs* Momente konstituieren in ihrem Zusammenwirken Unterricht als absichtsvoll pädagogisches Geschehen:

Die pädagogischen *Intentionen* (Absichten), die *Themen* des Unterrichts (Inhalte, Gegenstände), mit denen die Absichten verfolgt werden, die *Methoden* (Verfahren), die zur Bewältigung von Intentionen und Themen dienen sollen, schließlich die *Medien* (Mittel) der Verständigung zwischen den am Unterricht Beteiligten [...] Bei diesen Entscheidungen [ist vorauszusetzen; W.T.], daß die am Unterricht beteiligten *Menschen* und daß die *Gesellschaft*, in der er stattfindet [...] gegeben sind« (Schulz 1965, S. 23). Zwei Gegenstandsfelder sind voneinander zu unterscheiden:

● Es handelt sich um den Bereich der vorfindbaren Bedingungen des Unterrichts (Bedingungsfeld)
● und um den Bereich, in dem Unterrichtsentscheidungen getroffen werden müssen (Entscheidungsfeld).

Strukturmomente der lerntheoretischen Didaktik (»Berliner Modell«)	
Bedingungsfeld	anthropogene Bedingungen
	soziale, situative, kulturelle Bedingungen
Entscheidungsfeld	Intentionen
	Inhalte
	Methoden
	Medien

● *Anthropogene Voraussetzungen.* Unterricht findet immer unter bestimmten Bedingungen statt. Kinder bringen u.a. ihre unterschiedlichen Lernvoraussetzungen, die Lehrenden bringen ihre unterschiedliche Lehrfähigkeit ein.
● *Soziale, situative, kulturelle Voraussetzungen.* Hier denken die Autoren des »Berliner Modells« an die unterschiedlichen Voraussetzungen, die sich z.B. aus der Größe und Zusammensetzung der Lerngruppe ergeben können. Aber auch politische, ökonomische und gesellschaftliche Trends und Stimmungen bilden einen Voraussetzungsrahmen, der Unterricht nicht unbeeinflusst lässt und der daher als Bedingung schulischer Lernprozesse reflektiert werden muss.
● *Intentionalität.* Bei unterrichtlichen Aktivitäten lassen sich immer drei unterschiedliche Zieldimensionen verfolgen: kognitive, emotionale und pragmatische Ziele. Zusätzlich zu diesen drei Dimensionen unterscheidet die Berliner Didaktik drei Entfaltungsstufen, auf denen sich die Ziele realisieren können (Anbahnung, Entfaltung, Gestaltung). Allerdings sind die Ziele nicht von den anderen Strukturmomenten isoliert. Vielmehr gibt es Verflechtungen und gegenseitige Abhängigkeiten, die Heimann mit dem Begriff »Interdependenz« bezeichnet hat. Unterricht wird als ein organisches Gebilde verstanden,

bei dem die Faktoren aufeinander bezogen sind und aufeinander ein-
wirken: Veränderungen in einem Bereich ziehen fast immer (manchmal allerdings unmerklich) Veränderungen in den anderen Struktur-
bereichen nach sich.

- *Thematik*. Themen und Inhalte lassen sich in Lehrplänen, Schulbüchern etc. finden. Als Grundformen, in denen sich die Inhaltlichkeit des Unterrichts präsentiert, nennt Heimann *Wissenschaften*, *Techniken* und *Pragmata*. »Ein Beispiel ist der Deutschunterricht, in dem so Unterschiedliches wie die Wissenschaft der Literaturgeschichte, Techniken wie die grammatische Schulung, Pragmata wie […] das selbstgefertigte Poem in eins zusammenfallen« (Heimann 1962, S. 129).

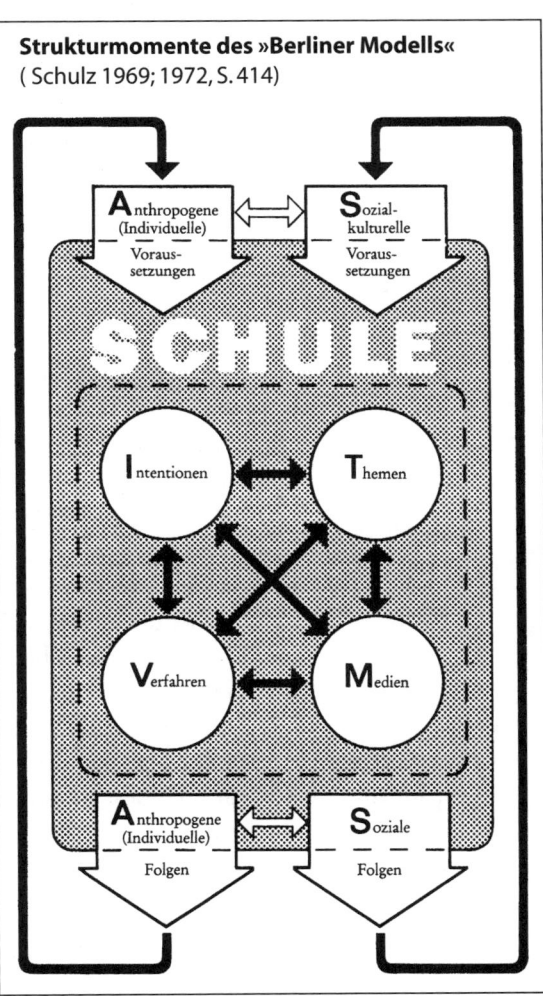

Strukturmomente des »Berliner Modells«
(Schulz 1969; 1972, S. 414)

- *Methodik*. Schulz nennt für die methodische Strukturierung folgende Bereiche:
  - Methodenkonzeptionen (methodische Grundsatzentscheidungen),
  - Artikulationsschemata (Gliederung in Phasen und Abschnitte),
  - Sozialformen (Formen der Zusammenarbeit und Interaktion),
  - Aktionsformen des Lehrens (direkte oder indirekte Vorgehensweise),
  - Urteilsformen (implizite und explizite Bewertungen).
- *Medien*. Medien dienen der Vermittlung zwischen den Lehrenden und den Lernenden. Sie transportieren Intentionen, Themen und Verfahren. Zugleich werden durch die Umsetzung eines Inhalts in unterschiedliche Medien und durch die Medienauswahl die Intentionalität, die Thematik und die Methodik beeinflusst. Medien legen implizit oft auch die Sozialform fest: Arbeitsblätter sind meist für die Einzelarbeit gestaltet worden. (Es schreibt sich schlecht zu zweit auf einem Blatt.) Film- oder Videodarbietungen sind in der Regel auf eine Frontalunterrichtssituation angelegt usw. Mit der Entscheidung, einen Film vorzuführen, sind inhaltliche und methodische Vorentscheidungen sowie Vorentscheidungen hinsichtlich der Sozialform im Wesentlichen bereits gefallen.

Bedeutung der Medien

Reflexionsstufen

Die »Berliner Didaktik« unterscheidet zwischen zwei aufeinander folgenden Reflexionsstufen:

- Die erste (bislang behandelte) Reflexionsstufe untersucht die Konstruktion von Unterricht (Bedingungsfelder, Entscheidungsfelder),
- die zweite Reflexionsstufe (Faktorenanalyse) soll es ermöglichen, die getroffenen Entscheidungen kritisch auf ihr Zustandekommen zu hinterfragen.

»Hamburger Didaktik«

Wolfgang Schulz hat die »lern-/lehrtheoretische Didaktik« zum »Hamburger Modell« weiterentwickelt. Im Vordergrund steht nun stärker die Unterrichtsplanung, die als langfristige Perspektivplanung, mittelfristige Umrissplanung und kurzfristige Prozessplanung beschrieben wird. Das ist zunächst nicht sehr spektakulär: »Stoffverteilungspläne« haben Lehrerinnen und Lehrer schon immer längerfristig angelegt und diese Planungsarbeit von der täglichen Vorbereitungsarbeit unterschieden. Neu ist, dass Schulz bei allen Planungstätigkeiten Schülerinnen und Schüler sowie deren Eltern einbezogen wissen will. Unterrichtsplanung wird zur Interaktion aller Unterrichtsteilnehmer »und damit Teil des Unterrichts selbst« (Schulz 1981, S. 12).

Perspektiv-planung Auf der obersten Ebene, der Ebene der Perspektivplanung, geht es im Kern um die Bestimmung von Richtzielen. Hier nennt Schulz die Bereiche *Kompetenz*, *Autonomie*, *Solidarität*. Sie werden durch Sacherfahrung, *Gefühlserfahrung* und *Sozialerfahrung* angebahnt.

Sacherfahrung	→	Kompetenz
Gefühlserfahrung	→	Autonomie
Sozialerfahrung	→	Solidarität

Umrissplanung Während es bei der Umrissplanung darum geht, »sich der Eindeutigkeit, Widerspruchsfreiheit und dimensionalen Vollständigkeit der Handlungsmomente in ihrem Implikationszusammenhang zu versichern«, **Prozessplanung** geht es bei der Prozessplanung um die Reihenfolge der Teilziele (Schulz 1981, S. 162). Hier müssen die konkreten Lehr-Lernziele, Hilfen, Kontrollen und Alternativen erörtert und vereinbart werden. Dies schließt ggf. auch eine Prozesskorrektur mit ein.

Strukturmomente des »Hamburger Modells«
(Schulz 1981, S. 82)

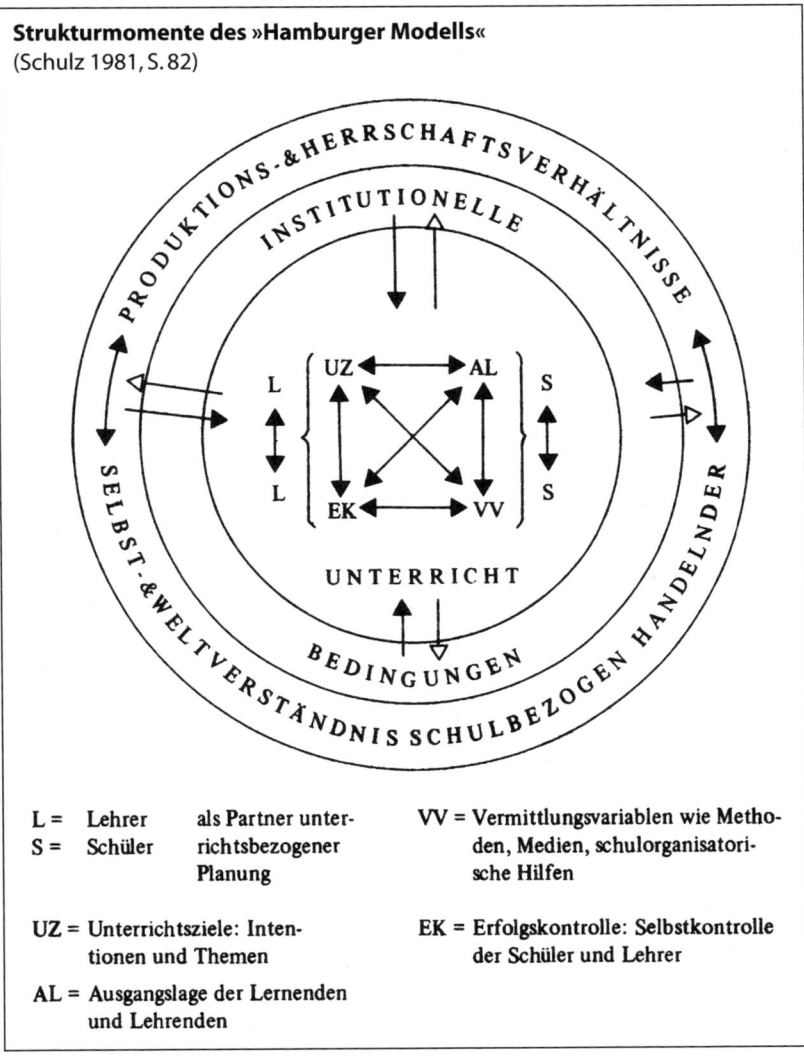

L = Lehrer als Partner unter-
S = Schüler richtsbezogener
Planung

UZ = Unterrichtsziele: Intentionen und Themen

AL = Ausgangslage der Lernenden
und Lehrenden

VV = Vermittlungsvariablen wie Methoden, Medien, schulorganisatori-
sche Hilfen

EK = Erfolgskontrolle: Selbstkontrolle
der Schüler und Lehrer

Welche Differenzen ergeben sich zwischen der »Berliner Didaktik« und der »Hamburger Didaktik«? Im Mittelpunkt der Umrissplanung stehen vier »Handlungsmomente« in ihrem »Implikationszusammenhang«. Das erinnert zwar an die »Berliner Didaktik« ist aber doch nicht dasselbe.

- *Intentionen und Themen* werden zu *Unterrichtszielen* (UZ) zusammengefasst.
- *Methoden und Medien* werden zu *Vermittlungsvariablen* (VV) zusammengefasst.
- Die *Ausgangslage* (AL) der Lehrenden und Lernenden wird den Handlungsmomenten zugerechnet.
- Die *Erfolgskontrolle* (EK) wird explizit berücksichtigt.

**Handlungs-
momente**

In Schulz' schematischer Darstellung wird die Umrissplanung von den institutionellen Bedingungen umrahmt, um die sich ein weiterer Kreis legt, den man global als »gesellschaftliche Bedingungen« bezeichnen könnte.

Schulz hat auch sein weiterentwickeltes Modell in Form eines Strukturschemas dargestellt. Obwohl der innere Kern zunächst dem Modell der Berliner Didaktik zu gleichen scheint, sind hier doch deutliche Veränderungen vorgenommen worden – mehr als es auf dem ersten Blick erscheint.

5.3 Resümee

- Während sich die »bildungstheoretische Didaktik« in der Ausformung als »Didaktische Analyse« (Klafki) und die »lerntheoretische Didaktik« in der Ausformung als »Berliner Modell« (Heimann/Otto/Schulz) noch relativ deutlich antipodisch gegenüberstanden, haben sich die Nachfolgekonzeptionen, die »kritisch-konstruktive Didaktik« (Klafki) und die »Hamburger Didaktik« (Schulz) aneinander angenähert.
- Die »kritisch-konstruktive Didaktik« und die »lehrtheoretische Didaktik« in Form des Hamburger Modells leiten die obersten Ziele aus einem emanzipatorischen Verständnis von Bildung ab: Klafki findet die obersten Ziele in den Bereichen *Emanzipation*, *Selbstbestimmung* und *Mitbestimmung*. Schulz geht von den Leitzielen *Kompetenz*, *Autonomie* und *Solidarität* aus.
- Der alte Streitpunkt, ob die »Wegfragen« nach Methodik und Medien in der Didaktik enthalten sind, ist beigelegt. Das »Berliner Modell« und das »Hamburger Modell« hatten Methodenfragen immer schon gleichberechtigt neben den Inhaltsfragen gesehen. Auch die »kritisch-konstruktive Didaktik« erkennt dies nun an. Betrachtet man Klafkis Perspektivenschema unter diesem Gesichtspunkt etwas genauer, dann bleibt eine hervorgehobene Stellung der Inhalte jedoch unverkennbar.
- Klafki ist vom *Primat der Didaktik* i.e. Sinne abgerückt und spricht jetzt von einem *Primat der Ziele*. Schulz bleibt bei seiner Interdependenz-Vorstellung, nach der Einflüsse von jedem Element auf die anderen Elemente ausgehen (können).
- Während Klafkis Perspektivenschema jetzt deutlicher als der ursprüngliche Ansatz eine unterrichtstheoretische Akzentuierung gewinnt, hat Schulz durch die starke Gewichtung der Ziele *Solidarität* und *Autonomie* die Erziehungsperspektive des Unterrichts neu akzentuiert.

6 Zwischenruf: Wo bleiben die Prinzipien?

Die vorhergehenden Abschnitte beziehen sich auf didaktische Modelle, erfassen aber noch nicht alle Perspektiven und Aspekte der Unterrichtspraxis. Seit mehr als einem Jahrzehnt (manchmal unter expliziter Bezugnahme auf die Reformpädagogik) konzentriert sich die Praxisdiskussion auf Begriffe wie »offener Unterricht«, »handlungsorientierter Unterricht«, »schülerorientierter Unterricht«, »Freiarbeit«, »Wochenplanarbeit«, »Stationenlernen« usw. Die Begrifflichkeit ist weniger festgelegt als bei den eher theorieorientierten Modellen der Didaktik. Versucht man, die aktuellen Ansätze in der Theorie zu verorten, so kann dies unter Kategorien wie »Unterrichtskonzeptionen«, »Unterrichtskonzepte«, »Unterrichtsprinzipien«, »Unterrichtsgrundsätze« etc. erfolgen. Natürlich gibt es eine gewisse Nähe zu didaktischen Modellen – auch beim offenen Unterricht gibt es schließlich Bedingungen, Entscheidungen, Primate und/oder Interdependenzen. Aber die aktuellen Umsetzungsformen sind wegen ihres teilweise experimentellen Charakters weniger festgelegt und weit flexibler.

Praxisdiskussion

Da die verwendeten Begriffe weder in der Literatur noch in der Praxis eindeutig definiert sind, ist es sinnvoll, auch hier ein paar Überlegungen zur Begrifflichkeit vorauszuschicken. Wir betrachten zunächst Unterrichtsprinzipien und dann Unterrichtskonzepte.

6.1 Unterrichtsprinzipien

Unterrichtsprinzipien (didaktische Prinzipien/Unterrichtsgrundsätze) »sind relativ allgemeine Aussagen, in knappster Form ausgedrückt Handlungsanweisungen, deren tiefere Bedeutung als bekannt vorausgesetzt wird und die weit reichende, nicht notwendig absolute Geltung für bestimmte Handlungsbereiche beanspruchen« (Glöckel 1992, S. 273). Bestimmte Grundsätze einer Lehrkraft oder eines pädagogischen Ansatzes lassen sich als Handlungsabsicht formulieren und als Ausdruck eines bestimmten Unterrichtsprinzips auffassen. Dabei wäre es natürlich eine Fiktion, von einem allgemeinen Konsens über die »Unterrichtsprinzipien« auszugehen. Betrachtet man die in der Literatur von unterschiedlichen Autoren veröffentlichten Prinzipien, dann gibt es nur zum Teil Übereinstimmungen darüber, auf welchen Prinzipien Unterricht auf-

**Leitlinien
unterrichtlichen
Handelns**

bauen soll. Zur Verdeutlichung zeigt die nachfolgende Tabelle eine Auswahl von Prinzipien. Die Tabelle hat nur Beispielcharakter und zielt nicht auf Vollständigkeit ab:

Auswahl von Unterrichtsprinzipien (didaktischen Prinzipien)			
Holstein/Büttner	**Kaiser/Kaiser**	**Glöckel**	**Jank/Meyer**
Anschauungsprinzip	Situationsbezogenheit	Sachgemäßheit	Handlungsorientierung
Aktivitätsprinzip	Handlungsorientierung	Schülergemäßheit	Offenheit
Lebensnähe	Wissenschaftsorientierung	Zielgemäßheit	Erfahrungsbezug
Kindgemäßheit	das Exemplarische	Anschauung	Selbsttätigkeit
Erfolgssicherung	Prinzip der Struktur	Selbsttätigkeit	Ganzheitlichkeit
		weitere ...	weitere ...
(Holstein/Büttner 1972, S. 34, Kaiser/Kaiser 2001, S. 222ff., Glöckel 1992, S. 276ff., Jank/Meyer 2003, S. 308)			

So grundlegend allgemeine Unterrichtsprinzipien auf der einen Seite zu sein scheinen, so wenig ist auf der anderen Seite ihre Problematik zu übersehen. Aus der Zahl der möglichen Einwände greife ich drei besonders wichtige heraus:

- *Unterrichtsprinzipien sind ideologieanfällig.* Was inhaltlich unter einem Unterrichtsprinzip zu verstehen ist, wird unter den jeweiligen politisch-gesellschaftlichen Bedingungen definiert: »Selbstständigkeit« dürfte unter den Bedingungen des Kaiserreiches, der Nazizeit, der Nachkriegs-Bundesrepublik oder der DDR jeweils etwas anderes gemeint haben als in der Bundesrepublik heute.
- *Die Zahl der Unterrichtsprinzipien ist nicht begrenzt.* Unterrichtsprinzipien leiten sich aus bestimmten Argumentationszusammenhängen ab. Es bedarf keiner besonderen Kreativität, die Zahl der möglichen Unterrichtsprinzipien zu erhöhen. Wenn die Prinzipien der »Sinnlichkeit«, der »Konkretheit«, der »psychischen Prägnanz« oder der »Erfolgsmaximierung« etc. argumentativ gut begründet und gesellschaftlich akzeptiert würden, was stände ihnen jeweils im Wege?
- *Unterrichtsprinzipien haben einen intuitiven, rational wenig ausdifferenzierten Anspruch.* Sie können stimmig und überzeugend sein – dennoch haben sie meist wenig oder keinen unmittelbaren Handlungswert. Das kann man am Prinzip der »Kindgemäßheit« – einem Prinzip, das in der Pädagogik auf uneingeschränkte Zustimmung stößt – verdeutlichen: Woran man einen kindgemäßen Text erkennt, können selbst Fibel- oder Lesebuchautoren nicht eindeutig definieren. Ein vergleichender Blick in eine beliebige Anzahl von Grundschullesebüchern belegt das. (Vgl. zu weiteren Problembereichen: Glöckel 1992, S. 306ff.)

6.2 Unterrichtskonzeptionen

Unterrichtsprinzipien konkretisieren sich in der Praxis oft in Unterrichtskonzeptionen (didaktische Konzeptionen/Unterrichtskonzepte).

Zusammenhang von Unterrichtskonzeptionen und Unterrichtsprinzipien		
Absicht	**Unterrichtskonzeption**	**Unterrichtsprinzip**
… die Kinder zu mehr Eigentätigkeit aktivieren.	Handlungsorientierter Unterricht	Selbsttätigkeit
… den Unterricht stärker an den Interessen der Kinder orientieren.	Schülerorientierter Unterricht	Erfahrungsbezug
… den Kindern mehr Entscheidungsfreiheit einräumen.	Freiarbeit	Offenheit
…	…	…

Unterrichtskonzeptionen kann man als eine Bündelung von guten Absichten umschreiben. Obwohl sie sich in der Regel auch bestens theoretisch begründen lassen, stellen sie eher spontane Versuche dar, auf dauerhafte Problemlagen zu reagieren. Es ist kein Zufall, dass Unterrichtskonzepte wie Handlungsorientierung oder Schülerorientierung im Zusammenhang mit der »veränderten Kindheit« eine breite Wiederbelebung finden.

Jank/Meyer verstehen Unterrichtskonzepte als »Gesamtorientierungen didaktisch-methodischen Handelns, in denen ein begründeter Zusammenhang von Ziel-, Inhalts- und Methodenentscheidungen hergestellt wird«. Folgende (im Prinzip nicht abschließbare) Reihe von Unterrichtskonzepten werden von ihnen u.a. genannt: Projektunterricht, handlungsorientierter Unterricht, offener Unterricht, erfahrungsbezogener Unterricht, kommunikativer Unterricht, exemplarisches Lehren und Lernen, problemlösender Unterricht, wissenschaftsorientierter Unterricht, lernzielorientierter Unterricht, programmierte Unterweisung (Jank/Meyer 2003, S. 305ff.).

Unterrichtskonzept als Gesamtorientierung

Mit Ausnahme der letzten drei (wissenschaftsorientierter Unterricht, lernzielorientierter Unterricht, programmierte Unterweisung) sind die übrigen Unterrichtskonzepte als Formen einer »Öffnung des Unterrichts« einzustufen. In ihnen drücken sich aktuelle Tendenzen des pädagogischen Bewusstseins aus. Sie stehen in einem emanzipatorischen Begründungszusammenhang und streben Partizipation von Schülerinnen und Schülern bei der Auswahl von Zielen, Inhalten und Methoden an.

»Selbständigkeiten wie Kommunitäten*, Handlungsabläufe wie Metakommunikation, Pflichten wie Freiheiten, Fremd- wie Mitbestimmung müssen neuen Balancen zugeführt werden. Dies geschieht heute unter der Chiffre Offener Unterricht.«
(Bönsch 1996, S. 92)

* Gemeinschaft, Gemeinsamkeit, Gemeingut

Checkliste 4
(S. 83)

Aktuelle Unterrichtskonzepte intendieren mehrheitlich auch ein verändertes Verhältnis von Lehreraktivität und Schüleraktivität. Die Unterrichtskonzeption »offener Unterricht« kann als Antwort der Schule auf die veränderten Lebensbedingungen von Kindern verstanden werden. Zugleich ist sie mehr als nur eine »Rettungsmaßnahme«, zu denen sich Lehrerinnen und Lehrer aufgrund der veränderten gesellschaftlichen Umstände gezwungen sehen. Hinter den einzelnen Dimensionen stehen traditionsreiche pädagogische Ideen, die schon in der Reformpädagogik diskutiert und von den Reformpädagogen umgesetzt wurden.

Obwohl es bei der Realisierung von Unterrichtskonzeptionen offensichtlich auch »Modewellen« gibt, sollte man sich hüten, aktuelle Tendenzen als Modeerscheinungen abzutun. Lehrerinnen und Lehrer sind aufgerufen, am Innovationsprozess mitzuwirken. Das allmähliche Verschwinden einzelner Unterrichtskonzeptionen, z.B. die des programmierten Unterrichts, und das Aufkommen neuer Unterrichtskonzeptionen, z.B. offener Unterricht, wären ohne aktive Mitwirkung von Lehrerinnen und Lehrern undenkbar. Das Schulpraktikum gibt Ihnen die hervorragende Gelegenheit, den Unterricht Ihrer Mentorin/Ihres Mentors auf die zugrunde liegenden Unterrichtsprinzipien und die realisierten Unterrichtskonzeptionen zu befragen. Machen Sie sich aber auch bewusst, welche Unterrichtsprinzipien sie selbst favorisieren und wie sie diese »guten Absichten« in ihrem eigenen Unterricht umsetzen wollen.

6.3 Resümee

● Unterrichts*prinzipien* (didaktische Prinzipien, Unterrichtsgrundsätze) sind Leitlinien unterrichtlichen Handelns, die meist keinen expliziten Theorierahmen haben, aber über eine hohe Plausibilität und allgemeine Zustimmung verfügen.

● Unterrichts*konzeptionen* (didaktische Konzeptionen) entstehen häufig in der Praxis als Antwort auf Problemlagen von Schule und Unterricht. Sie können sich auf die inhaltliche, methodische, strukturell-organisatorische oder personale Dimension von Unterricht beziehen.

● Viele der in den letzten Jahren besonders häufig diskutierten Unterrichtskonzeptionen lassen sich in den Kontext der Öffnung von Unterricht und Schule einordnen. Sie zielen auf eine Veränderung der Lehr- und Lernstrukturen, auf mehr Partizipation und Selbststeuerung durch die Kinder.

● Unterrichtsprinzipien und Unterrichtskonzeptionen unterliegen häufig bestimmten »Wellen« und sind prinzipiell ideologieanfällig. Sie sollten daher immer auch daraufhin befragt werden, ob sie mit den obersten Leitzielen schulischer Bildung vereinbar sind.

Checkliste 4: Unterrichtsprinzipien und Unterrichtskonzepte	
1	Welche **Unterrichtsprinzipien** konnte ich bislang beobachten?
Indikatoren	Lehrer/innenverhalten:
2	Welche Unterrichtsprinzipien will ich selbst einhalten?
Indikatoren	Mein Verhalten:
3	Welche **Unterrichtskonzeptionen** konnte ich bislang beobachten?
Beispiele	Umsetzung:
4	Welche Unterrichtskonzeptionen will ich selbst verfolgen?
Beispiele	Umsetzung:
5	Welche methodischen Handlungen will ich dabei favorisieren?
Beispiele	Umsetzung:

7 Wie plane ich Unterricht?

7.1 Ein Wort vorweg

Planung, Durchführung und Auswertung von Unterricht gehören zu den zentralen Tätigkeiten des Berufs. Daher ist es erforderlich, im Rahmen des Schulpraktikums auch erste Erfahrungen mit der selbstständigen Unterrichtsplanung zu sammeln. Spötter sagen: »Wer ausgiebig plant, irrt auf höherem Niveau.« Richtig an diesem Spruch ist zunächst einmal, dass alle Planungsentscheidungen immer nur vorläufigen Charakter haben. Denn Unterrichtsplanung unterscheidet sich vom Bauplan eines Ingenieurs: Was dieser plant, hat den Anspruch, Punkt für Punkt, schräubchen- und millimetergenau realisiert zu werden. Sein Plan nimmt die

Grenzen der Planung
Umsetzung 1:1 vorweg. Dagegen kann der reale Unterrichtsprozess durch die Planung von Unterricht nur umrisshaft vorherbestimmt werden. Es ist also mehr als wahrscheinlich, dass Teilschritte anders verlaufen als Sie es geplant haben. Daher ist es kein Zeichen von Unsicherheit oder von ungenügender Planung, wenn Sie auf die Prozesse, die Ihr Unterricht auslöst, flexibel eingehen. Umgekehrt ist es richtig: Wenn Lehrerinnen oder Lehrer nicht flexibel mit spontanen Prozessen umgehen können und an ihrem Konzept »kleben«, dann ist das in vielen Fällen der unmittelbare Ausdruck ungenügender Planung. Lehrerinnen und Lehrer stehen also oft vor der paradoxen Situation, einen Unterricht gut vorzubereiten, der in dieser Form dann doch nicht abläuft – und einen Ablauf gut gestalten zu müssen, den sie in dieser Form nicht vorbereitet haben.

Alle Planungsannahmen und -entscheidungen des Lehrers schließen die Möglichkeit zum Irrtum und zur Fehlentscheidung ein. Daher sind zwei Einschränkungen vorab notwendig:

● *Unterrichtshandeln ist Handeln in Widersprüchen.* Das Handeln von Lehrpersonen vollzieht sich in Widersprüchen. Auf diese Berufsperspektive sollten Sie im Schulpraktikum bewusst achten, denn die pädagogische Axiologie steckt voller Widersprüche:
  – »Fordern vs. Fördern«,
  – »Integration vs. Selektion«,
  – »Kindorientierung vs. Wissenschaftsorientierung«,
  – »Individualisierung vs. Sozialisierung«,
  – »Lebensbezug vs. Fachbezug« und so weiter ...

Jede der Forderungen ist für sich genommen gut begründbar und legitimiert. Was Sie als Lehrerin oder Lehrer auch tun und oder lassen – es gibt fast immer einen Standpunkt, von dem aus Sie etwas anders hätten tun oder lassen sollen. Im Unterrichtsverlauf entwickeln sich fortlaufend unterschiedliche z.T. weit reichende Optionen, und jede Entscheidung *für* eine Option ist zugleich eine Entscheidung *gegen* alle anderen. Es gehört zur Profession von Lehrerinnen und Lehrern, die jeweiligen Perspektiven rational zu bewerten und dann begründete Entscheidungen zu treffen.

- *Planung ist notwendigerweise unvollkommen.* Unterricht ist ein hoch komplexes, vielschichtiges Gebilde, daher wäre es unrealistisch anzunehmen, dass sich alle Facetten im Voraus erfassen und alle Probleme durch eine gute Vorbereitung auflösen oder vermeiden ließen. Was wissen wir wirklich über die Lernmöglichkeiten *eines* Kindes, über seine Interessen, sein Vorwissen, seine Lebensbedingungen? Was wissen wir im Voraus über seinen physischen und psychischen Zustand? Unterrichtsvorbereitung und Unterricht haben aber nicht nur ein Kind, sondern viele Kinder, Kindergruppen oder eine ganze Klasse im Blick. Was wissen wir im Voraus über mögliche Rangkämpfe in der Pausenhalle vor dem Unterricht, über die Stimmung, die eine Kollegin oder ein Kollege in der Klasse hinterlässt, über Störungen, die wir durch unsere eigene Unvollkommenheit auslösen?

Das alles bedeutet keineswegs, dass Unterrichtsplanung verzichtbar oder der Grad der Vorbereitung beliebig wären. Im Gegenteil: Als Unterrichtende müssen Sie sich wenigstens dessen versichern, was Sie im Voraus wissen können. Die Fähigkeit, auf Situationen einzugehen, stützt sich viel weniger auf Spontaneität oder Kreativität, sondern viel mehr auf Wissen, als manche zugeben wollen. Es gilt: Spontaneität und Kreativität im Unterricht setzen viel »flüssiges« Wissen voraus. Die Unterrichtsvorbereitung eines berufserfahrenen Lehrers kann vielleicht durch Erfahrung und Routine in Teilen ausgeglichen werden. Die Unterrichtspraxis eines ungenügend vorbereiteten Praktikanten kann sich – wegen fehlender Erfahrung und Routine – nicht einmal darauf stützen: Mit Ignoranz haben wir es übrigens in beiden Fällen zu tun.

Da Unterrichtende fortlaufend höhere Denkakte zur Prozesssteuerung einbringen (sie analysieren die Situation, generieren neue Elemente und bewerten deren Wirkung), sind sie auf Sachwissen und ein weites Vorverständnis der pädagogischen Situation angewiesen. Erst auf der Grundlage einer differenzierten Vorbereitung ergibt sich die Möglichkeit, flexibel zu reagieren. Dem Spott vom »Irrtum auf höherem Niveau durch Vorbereitung« sollten Sie den Slogan »Vorkenntnisse sind der erste Weg zur Besserung« entgegensetzen.

> **»Wie kann der Lehrer [...] Bildungsprozesse vorausplanen? Er ist mit einem Vermittler vergleichbar, der zwei Unbekannte füreinander zu interessieren wünscht, weil er aus genauer Kenntnis beider weiß, daß sie einander viel zu sagen haben.«**
> (Roth 1967, S. 124)

Beispiel

Wer für sein Schulpraktikum eine Stunde vorbereitet hat, in der es um Äpfel geht, und angesichts des Glücksfalles, dass die Kinder (aufgeregt und hoch motiviert) in einem der halbierten Äpfel eine Made (Larve) entdecken, nicht mehr zu sagen hat, als dass in manchen Äpfeln »Raupen«* sitzen, ist wahrscheinlich nicht ausreichend vorbereitet. Zwar kann die Planung die Situation nicht vorwegnehmen, aber die Vorbereitung kann das Wissen für unvorhergesehene Situationen bereitstellen. Im Unterricht ist Wissen nicht Macht, aber Unwissenheit ist Ohnmacht.

Planung größerer Einheiten

Was folgt daraus? Planen und denken Sie von vornherein in größeren Einheiten. Als Lehrerin oder Lehrer müssen Sie über mehr Möglichkeiten und Perspektiven verfügen, als eine im Detail geplante Unterrichtsstunde bietet. Professionelles Planen vollzieht sich langfristig in Form von Stoffverteilungsplänen, mittelfristig in Form von Unterrichtseinheiten und kurzfristig in Form der Planung einzelner Unterrichtsstunden. Wolfgang Schulz hat dafür die Begriffe

- Perspektivplanung (langfristig),
- Umrissplanung (mittelfristig) und
- Prozessplanung (kurzfristig)

eingeführt (Schulz 1981, VII). Als Praktikantin oder Praktikant stehen Sie allerdings vor dem Dilemma, dass Sie im Wesentlichen nur an der Prozessplanung (Unterrichtsstunden) beteiligt sind. Nutzen Sie daher alle Möglichkeiten, sich über Umrissplanung und Perspektivplanung Ihrer Klasse und über die Planungsabläufe an Ihrer Schule zu informieren.

7.2 Planungsmodelle

Unterrichtsplanung muss eine Vielzahl von Perspektiven, Aspekten und Dimensionen in den Blick nehmen, die miteinander verknüpft sind und sich in wechselseitiger Abhängigkeit voneinander entfalten. Als Planungsmodelle dienen in der Praxis nach wie vor die »didaktische Analyse« und die »kritisch-konstruktive Didaktik« von Klafki sowie das Modell der »lern-/lehrtheoretischen Didaktik« von Heimann/Otto/Schulz –

---

* Lexikoneintrag zum Thema »Made«: »Maden – beinlose Larven von Insekten, die frei im Wasser oder minierend [Minen, unterirdische Gänge grabend] in lebender oder toter Substanz leben« [Falls Sie noch nicht durchblicken, schlagen Sie unter »Metamorphose«, »Larve« und »Raupe« nach.]

obwohl beide schon mehrere Jahrzehnte alt sind. Heimann hatte seine Didaktikkonzeption ursprünglich durch die Analyse konkreten Unterrichts gewonnen. Nun hat sich zwar seit den Sechzigerjahren im Unterricht vieles verändert, aber diese Veränderungen sind bei Lichte betrachtet weniger revolutionär oder radikal als es auf den ersten Blick erscheint. Nach wie vor geht es letztlich darum, Kindern beim Lernen zu helfen. Nach wie vor gibt es Schulen, Klassen, Unterrichtsziele und Unterrichtsinhalte, Unterrichtsmedien usw. Was sich vor allem geändert hat, sind die Beziehungen zwischen Lehrenden und Lernenden: In diesem Bereich wird Kindern und Jugendlichen heute entschieden mehr Freiraum für selbstbestimmtes Lernen eingeräumt, als dies früher der Fall war.

Ich halte Heimanns Modell weiterhin für »grund«legend: Alle unterrichtsorientierten Modelle lehnen sich offensichtlich mehr oder weniger deutlich an Heimanns ursprünglicher Konzeption an. Auch Klafki hat seinen bildungstheoretischen Ansatz bei der Weiterentwicklung zur kritisch-konstruktiven Didaktik – trotz der Aufrechterhaltung der eigenen Perspektive – an das didaktische Modell Heimanns angenähert. Meiner Überzeugung nach sind im »Berliner Modell« die konstituierenden Merkmale von Unterricht umfassend und richtig beschrieben. Dies schließt weitere Ausdifferenzierungen selbstverständlich nicht aus. In der Praxis werden daher die bildungstheoretische und die lerntheoretische Didaktik oft miteinander verknüpft und zusätzlich mit Aspekten anderer didaktischer Ansätze verbunden.

Auch für die nachfolgende Sichtung von Momenten und Dimensionen des Unterrichts dient das »Berliner Modell« als Orientierung. Sie folgt in wesentlichen Teilen der analytischen Sicht Heimanns. Dabei werden zunächst sieben Momente von Unterricht angesprochen, die

- teils als Planungsaspekte,
- teils als Rahmungsaspekte

das Handeln im Unterricht bestimmen. Diese sieben Aspekte werden im Zusammenhang mit der Unterrichtsvorbereitung in zwölf Schritte aufgelöst und handhabbar gemacht (vgl. S. 129ff.).

- **Aspekt 1: Unterricht basiert auf spezifischen Kontextbedingungen**
  Unterricht findet unter spezifischen Rahmenbedingungen statt. Diese entziehen sich zwar der unmittelbaren Einflussnahme von Lehrerinnen und Lehrern, müssen im Rahmen der Planung und Realisierung von Unterricht aber beachtet werden, weil von ihnen explizit oder implizit meist eine erhebliche Wirkung ausgeht. Rahmenbedingungen bilden den gesellschaftlichen, den physiologischen und den situativen Kontext von Unterricht.

Rahmen-bedingungen

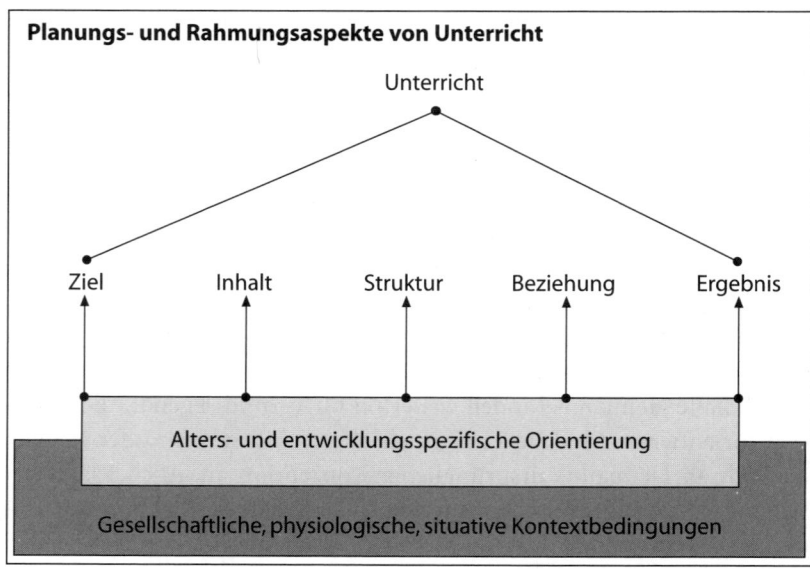

- *Gesellschaftlicher Kontext.* Schule hat immer einen gesellschaftlich-politischen, sozialen und kulturellen Kontext. Das drückt sich im Aufbau des Schulsystems, in der standortabhängigen sozialen Zusammensetzung von Lerngruppen oder in unterschiedlichen Gruppengrößen, Lehrmitteletats etc. aus. Lehrende und Lernende haben hierauf meist nur einen mittelbaren Einfluss durch politisches, gesellschaftliches, soziales oder kulturelles Engagement. (Dass Lehrkräfte in unterschiedlichen Schularten unterschiedlich bezahlt werden, daran haben wir uns ohnehin gewöhnt.)
- *Physiologischer Kontext.* Lehren und Lernen sind körperbasiert: Die Lehrenden und Lernenden sind physiologischen Rhythmen unterworfen. Sie haben bestimmte Bedürfnisse, ermüden, können erkranken, können Schmerzen haben und sind daher Stimmungs- und Leistungsschwankungen unterworfen. Lehrerinnen und Lehrer in Anfangsklassen wissen, dass ein »Wackelzahn« oftmals von so existenzieller Bedeutung ist, dass die Inhalte des Unterrichts dagegen zurücktreten. Was für den Wackelzahn der Erstklässler gilt, das gilt für die physiologischen Prozesse während der Pubertät erst recht. Insgesamt bleiben die Faktoren des physiologischen Kontextes der Planung weitgehend verschlossen. Das Bewusstsein ihrer Existenz und ihrer Wirkung kann aber zu besserem Verständnis für die Kinder und zu einem humaneren Unterricht beitragen. Lehrende können durch eine bewusste Phaseneinteilung des Unterrichts und durch die Ermöglichung selbstorganisierten Lernens (Tagespläne, Wochenpläne, Freiarbeit etc.) diesem Aspekt mehr Beachtung einräumen.

Zusammen-setzung der Lerngruppe

Stimmungs- und Leistungs-schwankungen

– *Situativer Kontext.* Situative Momente moderieren und modifizieren den Unterrichtsprozess: Unfreiwillige Komik, Trauer über einen plötzlichen Verlust, Unterbrechungen durch eine Ansage der Schulleitung, besondere Wetterlagen (z.B. der erste Schnee) etc. sind wenig planbar und kaum vorhersehbar. Unter Umständen können sie dennoch eine verlaufsentscheidende Wirkung haben. Unterrichtende können darauf meist nur reagieren, aber sie können dies mit unterschiedlich großer Flexibilität tun. Eine prinzipielle Offenheit für die Wirkung des situativen Kontextes kann ggf. fruchtbare Lernsituationen auslösen oder zur Vermeidung von Konfliktsituationen beitragen.

Unterrichts-situation

- **Aspekt 2: Unterricht ist adressaten- bzw. alters- und entwicklungsorientiert**
Aufgrund der unterschiedlichen körperlichen, geistigen und emotionalen Entwicklungsniveaus der Kinder findet Unterricht immer unter bestimmten anthropogenen Voraussetzungen statt. Die Alters- und Entwicklungsorientierung ist meiner Meinung nach ein unverzichtbarer Filter, durch den alle anderen Momente betrachtet werden müssen. Sie ist ein Katalysator, der alle anderen Momente modifiziert, ohne dass sie selbst von den anderen Elementen beeinflusst werden könnten.

Entwicklungs-orientierung

- **Aspekt 3: Unterricht ist zielorientiert**
Unterricht verfolgt immer Ziele – vor allem Entwicklungsziele, aber auch Ziele, die im organisatorisch-institutionellen Bereich liegen können. Sowohl die Ziele der Lehrenden wie die Ziele der Lernenden werden alters- und entwicklungsspezifisch modifiziert. Dabei kann offen bleiben, ob der Unterricht überwiegend zielidentisch oder zieldifferent verläuft und in welchem Umfang die Lernenden an der Zielbestimmung beteiligt sind. Sie sollten bei dem Moment der Zielorientierung aber nicht sofort an behavioristische Lehr-Lernziele denken. Auch der offene Unterricht verfolgt Ziele. Die Tatsache, dass nicht alle Kinder das Gleiche tun und dass ihnen bezüglich der Inhalte, Verfahren und zeitlichen Struktur ein höheres Maß an Mitbestimmung eingeräumt wird, bedeutet kein Abrücken von der Zielorientierung »veranstalteter Lernprozesse«.

Unterrichtsziele

- **Aspekt 4: Unterricht ist inhaltsorientiert**
Unterricht vollzieht und gestaltet sich an Inhalten. Sie bilden gemeinsam mit den Zielen und den Vermittlungsstrukturen das Kernstück der praktischen Unterrichtsarbeit. Umfang und Niveau der Inhalte unterliegen im Unterricht jeweils einer alters- und entwicklungsspezifischen Orientierung. Bei der Realisierung kann man Unterricht danach unterscheiden, ob die Lernenden inhaltsidentisch oder inhaltsdifferent arbeiten und in welchem Umfang sie an der Inhaltsauswahl

Unterrichts-inhalte

beteiligt werden. Obwohl dies in offenen Unterrichtsformen eher ge-
währleistet ist, gilt dies prinzipiell auch für Formen des geschlossenen
Unterrichts.

- **Aspekt 5: Unterricht ist strukturorientiert**
  Unterricht weist immer Strukturen auf. Auch in schlecht strukturier-
  tem Unterricht sind sie meist rudimentär noch erkennbar. Die Strukturierung von Unterricht ergibt sich in unterschiedlichen Dimensionen, und zwar als inhaltliche Struktur, methodische Struktur, organisatorische Struktur und zeitliche Struktur.

  Inhaltliche Strukturen werden immer dann wirksam, wenn es sinn-
  voll ist, bei der Auseinandersetzung mit einem Sachverhalt oder beim
  Lösen von Problemen eine bestimmte durch die Sache vorgegebene
  Schrittfolge einzuhalten. Methodische und organisatorische Strukturen können die Motivation und damit das Lernen der Kinder durch
  Wechsel der Methoden oder der Sozialformen in Fluss halten. Die
  Strukturierung des Unterrichts in den genannten Dimensionen entfaltet sich nach alters- oder entwicklungsspezifischen Gesichtspunk-
  Unterrichts-   ten. Unterricht kann so angelegt sein, dass er für die Lernenden struk-
  strukturen   turidentisch oder strukturdifferent erfolgt. In bestimmten Unterrichtsformen können die Lernenden selbst auf die Gestaltung einzelner Strukturen, z.B. auf die Zeitstruktur oder die Methodenstruktur,
  Einfluss nehmen.

- **Aspekt 6: Unterricht ist beziehungsorientiert**
  Alle Aktivitäten von Lehrenden und Lernenden sind eingebettet in
  Kommunikation und Beziehung. Sie sind die Träger von Erziehung,
  Sozialisation und Enkulturation. Ohne Kommunikation ist Unterricht schlechterdings nicht denkbar. Dies hat – gestützt auf Axiome
  Watzlawicks* – zum Entwurf einer kommunikativen Didaktik geführt (Schäfer/Schaller 1973, Schaller 1978, Winkel 1980). Beziehungen und Konfliktmanagement werden von Lehrerinnen und Lehrern
  im Unterricht unter einer alters- und entwicklungsspezifischen Perspektive entfaltet. Bedauerlicherweise wird die Beziehungsebene jedoch oft nur im Zusammenhang mit Störungen und Konflikten be-
  Beziehungs-   wusst wahrgenommen.
  ebene
- **Aspekt 7: Unterricht ist ergebnisorientiert**
  Unterricht ist ein Prozess, der in unterschiedlichen Zieldimensionen
  auf Ergebnisse hin orientiert ist. Lehrpläne und Curricula sind der
  sichtbare Ausdruck dieser Ergebnisorientierung. Lehrende und Ler-

---

*   Das bekannteste Axiom lautet: »Man kann nicht nicht kommunizieren.« Ein weiteres Axiom, das pädagogisch unmittelbar wirksam wurde, lautet: »Jede Kommunikation hat einen Inhalts- und einen Beziehungsaspekt ...«. Im Unterricht tritt
der Vermittlungsaspekt hinzu.

nende bauen bei der Bestimmung von neuen Zielen auf den bisherigen Ergebnissen auf. In ihrer Ausformung und Umsetzung sind Ergebnissicherung und Ergebniskontrolle in der Regel alters- oder entwicklungsspezifisch. Sie reichen von der Verbalbeurteilung über die Ziffernnote bis zu differenzierten Punktsystemen. Dabei kann offen bleiben, ob ergebnisidentisches oder ergebnisdifferentes Lernen angestrebt wird und ob die Ergebniskontrolle als Sachkontrolle, Selbstkontrolle oder Fremdkontrolle erfolgt.

Ergebnis-orientierung

Verglichen mit der Realität von Unterricht ist dies ein relativ einfaches Modell. Dennoch ist es bereits hochkomplex: Die einzelnen Momente stehen in wechselseitiger Abhängigkeit zueinander. Dies ist letztlich auch vom bildungstheoretischen Modell in Form der kritisch-konstruktiven Didaktik anerkannt worden.

Allerdings sollte die Tatsache, dass die einzelnen Momente interdependent sind, nicht als eine generelle Gleichwertigkeit der Beziehungen gedeutet werden. Denn es ist nicht nur möglich, sondern wahrscheinlich, dass dort, wo viele Beziehungen vorliegen, die einzelnen Beziehungen eine unterschiedliche Stärke aufweisen. Organische Systeme befinden sich nicht dann im Gleichgewicht, wenn alle Kräfte gleich stark sind, sondern dann, wenn starke und schwache Kräfte gegeneinander ausbalanciert sind. Dies gilt auch für Planung und Realisierung von Unterricht.

Gewichtung

Wechselseitige Abhängigkeit und Verflochtenheit schließen auch eine Reihenfolge der Momente nicht aus. Es ist nicht nur möglich, sondern wahrscheinlich, dass es dort, wo viele Verflechtungen vorliegen, vorauslaufende und nachfolgende Kräfte gibt.

Reihenfolge

Zusammenfassend halte ich für den Bereich der Unterrichtsvorbereitung drei zentrale Aussagen fest:

① Im didaktischen Feld steht die Adressatenorientierung (Alters- oder Entwicklungsorientierung) an erster Stelle: Alle Entscheidungen sind von der Frage abhängig, an wen sich der Unterricht wendet.

② Die einzelnen Rahmungs- und Planungsaspekte stehen untereinander in Beziehung. Diese Beziehungen müssen nicht gleichwertig sein. Im konkreten Planungsfall kann ein einzelner Aspekt hervortreten (z.B. Ziel, Inhalt, Sozialform, Medien), eine höhere Gewichtung erhalten und dadurch die Planung und Realisierung des Unterrichts dominieren.

③ Die Reihenfolge der einzelnen Aspekte für die Unterrichtsplanung ist relativ variabel. Sie kann anhand der Gewichtung einzelner Aspekte für den konkreten Planungsfall aber plausibel festgelegt werden.

7.3 Planungsschritte

7.3.1 Kontextbedingungen klären

Unterricht findet unter Kontextbedingungen statt. Es gibt die Schulge-setzgebung, Richtlinien, Lehrpläne, Erlasse, Vorschriften ... Aber das ist wahrlich nicht alles: Es gehört zu den Rahmenbedingungen Ihres Unter-richts, dass Sie an einer bestimmten Schulart, in einer speziellen Schule unterrichten. Diese Schule hat ein soziales und kulturelles Umfeld, das in den Unterricht hineinwirkt (das »Einzugsgebiet der Schule«). Die Kinder leben unter spezifischen Umweltbedingungen, die eine Folie für den Unterricht abgeben. Insgesamt begegnet uns ein weites Feld an Vorbe-dingungen, das bei der Unterrichtsplanung bedacht und ggf. auch berücksichtigt werden muss, ohne dass hier im engeren Sinne Entschei-dungen fallen.

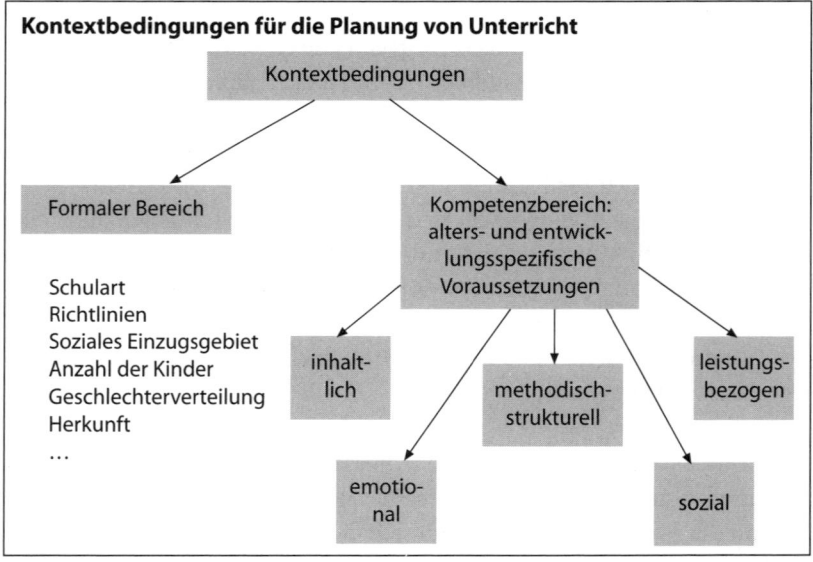

Die Hauptblickrichtung werden Sie aber auf die spezifische Situation Ih-rer Klasse richten müssen. Es gehört seit der »Berliner Didaktik« zur Be-dingungsanalyse, ein möglichst genaues Bild der Klasse zu entwerfen. Buchstäblich jede Aktion einer Lehrperson (Auswahl von Zielen, Inhal-ten, Formen der Aktivierung, der Motivation, der Differenzierung usw.) ist letztlich auf bestimmte Adressaten bezogen, die über spezifische Kom-petenzen verfügen. Daher liegt in der Berücksichtigung der Vorausset-zungen ein zentraler Punkt der Unterrichtsplanung. Die Kernfrage »Auf welche Alters- und Entwicklungsgruppe richtet sich meine unterrichtli-che Planung?« wird vielfach nicht bewusst gestellt. Sie ist durch die Zu-

Bedingungs-analyse

teilung einer Klassenstufe, durch die Auswahl eines Inhaltsbereiches der Richtlinien, durch den Einsatz eines Schulbuches oder eines anderen Mediums meist schon entschieden. Halten Sie diese Frage dennoch durchgehend präsent, denn sie beeinflusst alle weiteren Entscheidungen. Es gibt keinen relevanten Planungsbereich, der auf eine reflektierte Alters- und Entwicklungsorientierung verzichten könnte.

Da Unterricht auf die Kompetenzen der Beteiligten (Lehrende und Lernende) angewiesen ist, realisiert sich die Alters- und Entwicklungsorientierung in einer Reihe von Kompetenzbereichen. Diese lassen sich vorläufig bestimmen als

Checkliste 5
(S. 125)

- inhaltlicher Bereich (Was kann ich in dieser Alters- und Entwicklungsstufe voraussetzen? Was ist bereits bekannt?),
- methodisch-struktureller Bereich (Welche methodisch-organisatorischen Formen entsprechen dieser Alters- und Entwicklungsstufe? Welche Formen sind bereits bekannt?),
- emotionaler Bereich (Wo liegen die Interessen dieser Alters- und Entwicklungsstufe? Was unterstützt die Motivation?),
- sozialer Bereich (Welche Beziehungen bestehen in dieser Gruppe? Welche Sozial- und Interaktionsformen sind eingeführt?),
- leistungs- und ergebnisbezogener Bereich (Welche Ergebnisse kann ich in dieser Alters-/Entwicklungsstufe realistischerweise erwarten?).

**Kompetenz-
bereiche**

Der Entwicklungsstand der Lernenden muss bei allen Planungs- und Entscheidungsmomenten bedacht werden: Ziele, Inhalte, Verfahren und Strukturen, aber auch die Beziehungen zu einzelnen Kindern oder zur Klasse insgesamt, die Form der Ergebnisrückmeldung oder der Umgang mit Beziehungsstörungen benötigen im schulischen Raum letztlich eine Alters- und Entwicklungsorientierung. Verlassen Sie sich nicht darauf, dass Sie auch »ein Kind waren« und daher »wissen«, wie Kinder »sind«, was Kinder »brauchen« und wie Kinder »fühlen«. So denken die meisten Erwachsenen – und verhalten sich dann in konkreten Situationen sehr unterschiedlich. Für professionelles Handeln benötigen Sie eine bessere Grundlage.

- *Beobachten Sie Kinder* gezielt in bestimmten, vorher festgelegten Situationen (»Standardsituationen«). Halten Sie Ihre Beobachtung fest. Die Wörter »Kindgemäßheit« oder »Schülerorientierung« kommen Pädagogen besonders leicht über die Lippen. Sie sind schwer einzulösen.
- *Befragen Sie ältere Kolleginnen und Kollegen* über deren Vorstellungen dazu – nicht um Widersprüche aufzudecken, sondern um die Spannweite der Begriffe zu erkunden.

● *Legen Sie ein pädagogisches Tagebuch an*, in dem Sie Wichtiges und (scheinbar) Unwichtiges aus dem Schulalltag von Kindern, für die Sie Unterricht planen wollen, festhalten.

Mit der Einzelbetrachtung ist es aber nicht getan. Kinder begegnen Ihnen in der Schule meist in der Mehrzahl. Das Auftreten in »Klassenstärke« und die Einbindung in eine bestimmte Klasse, Lerngruppe oder Peergroup können Verhaltensweisen und Interessen verändern.

7.3.2   Beziehungen entwickeln

> **»Wir treffen in der Schulklasse alle allgemeinen Merkmale eines Sozialgebildes an, z.B. Erscheinungen wie Kontakt, Wahl und Ablehnung, Rangordnung, Führungs- und Abseitsgruppen, Einstellungen, Gewohnheiten, Sitten usw.«**
> (Steindorf 1972, S. 271)

Unterricht ist immer eingebettet in Beziehungsstrukturen. »In der konventionellen Didaktik ist die Beziehungsdimension in der Regel vernachlässigt worden« (Bönsch 1996, S. 150). Die Beziehungsebene des Unterrichts wird oft erst dann wahrgenommen, wenn die Beziehungen gestört sind. Als eigenständiger Teil einer Didaktik wurde die Beziehungsdimension erstmals in der »Kommunikativen Didaktik« berücksichtigt (vgl. Schäfer/Schaller 1973). Seither ist das Bewusstsein für diese Perspektive des Unterrichts gewachsen. Vor dem Hintergrund einer veränderten Familien- und Freizeitsituation werden die Entwicklung und die Entfaltung von Beziehungsstrukturen in stärkerem Maße als früher in der Schule verortet. Das schlägt sich unter anderem in einer bewussteren Nutzung von Formen kooperativen Lernens nieder (vgl. u.a. Bennack 2004, S. 74ff.). Auch wenn dadurch das Beziehungsmoment stärker berücksichtigt wird – denn Formen des kooperativen Lernens basieren zu einem guten Teil auf der Beziehungsebene – bleibt dieser Bereich weiterhin relativ unbestimmt. Dies hängt unter anderem damit zusammen, dass Beziehungen von Kindern und Jugendlichen zueinander sowie zur Lehrperson in hohem Maße alters- und entwicklungsabhängig sind und nicht aus dem konkreten soziokulturellen und sozialen Kontext gelöst werden können.

Was kann die Lehrerin/der Lehrer tun, um die Beziehungen zwischen sich und den Kindern und zwischen den Kindern untereinander zu verbessern? Als Praktikantin oder Praktikant sind Sie nur für wenige Wochen in der Klasse. Sie können das Klassenklima in dieser Zeit natürlich kaum beeinflussen. (Nebenbei bemerkt: Ihre Betreuungsperson wird froh sein, wenn sich das Klassenklima nicht negativ verändert.) Dennoch sollten Sie tunlichst folgende Punkte berücksichtigen:

● *Verbessern Sie das Lernklima Ihrer Klasse.* Lassen Sie Gemeinschaftsarbeiten nicht nur im Kunstunterricht entstehen und hängen Sie diese nicht nur in der Klasse auf. Stellen Sie an der Pinnwand Sammlungen mit individuellen Beiträgen (z.B. eine Witzsammlung, eine Rezept-sammlung) zusammen. Sorgen Sie für »private« Zonen in der Klasse. Schaffen Sie eine entspannte Arbeitsatmosphäre, z.B. durch eine saubere und nachvollziehbare Tafelgestaltung, durch die Vereinbarung einiger Regeln und einiger weniger Rituale. Drücken Sie durch Ihr Verhalten Optimismus und Zutrauen zu den Lernenden aus.

● *Senden Sie positive nonverbale Signale.* Zeigen Sie in Ihrer gesamten Haltung eine Wertschätzung der Kinder. Machen Sie ein freundliches Gesicht, lächeln Sie die Kinder an. Bauen Sie keine räumlichen Barrieren zwischen sich und der Klasse auf. Achten Sie auf Ihre Körpersprache. Die Unsicherheitsbotschaften, die Sie nonverbal aussenden, wenn Sie mit verschränkten Armen und hochgezogenen Schultern vor der Klasse stehen, sind kaum zu übersehen.

Nonverbale Signale

● *Senden Sie positive verbale Signale.* Sprechen Sie mit warmer, »beherzter« Stimme. Zeigen Sie Humor. Lassen Sie ein Kind aussprechen – auch wenn Sie längst wissen, was es sagen will, oder wenn ein Irrtum beim Kind vorliegt. Nehmen Sie positive Antworten auf. Behandeln Sie falsche Antworten korrekt. Verzichten Sie auf negative Kommentare bei Fehlern oder falschem Verhalten. Machen Sie sich nicht über Kinder oder deren Fehler lustig. Personenbezogene Abwertungen sind unprofessionell: »Das ist ja wieder typisch! – Von Dir hatte ich echt nichts anderes erwartet.« (Sagen Sie ehrlich: Muss man dafür Pädagogik studieren?) Reagieren Sie mit Respekt auf die Sorgen und Probleme von Kindern und Jugendlichen: Eine Grundschülerin, die weinend in einer Ecke der Pausenhalle sitzt, weil sie sich vor dem Schwimmunterricht fürchtet, braucht zuallererst Ihre warme, interessierte Anteilnahme und dann Ermutigung: Ihre privaten Vorurteile gegen »wasserscheue Heulsusen« haben Sie hoffentlich rechtzeitig in der Lehrergarderobe abgelegt.

Positive Reaktionen

● *Senden Sie sachorientierte Signale.* Nehmen Sie sachliche Fragen und Anregungen auf. Bauen Sie diese womöglich spontan in den Unterricht ein. Arbeiten Sie produktorientiert: Stellen Sie mit der Lerngruppe sachbezogene Ausstellungen oder Dokumentationen mit inhaltlichen Schwerpunkten her. Das kann auf vielfältige Weise geschehen: von der mit den Kindern gemeinsam gestalteten Wandzeitung in der Klasse über ein Reimwort-Memory oder ein Grammatik-Mobile bis zur Weihnachts-CD mit eingescannten Fotos, Wunschzetteln und Backrezepten gibt es viele Möglichkeiten. Falls Sie Unterstützung brauchen, dann beziehen Sie die Eltern der Kinder mit ein. (Wenn Sie drei Eltern bitten, je zehn CDs zu brennen, können Sie sogar Ihrer Betreuerin/Ihrem Betreuer ein Exemplar mit den besten Weihnachtswünschen zukommen lassen.)

Sach- und Produkt-orientierung

● *Betrachten Sie unterschiedliche Perspektiven.* Sehen Sie sich den Verlauf einer Situation oder Aktion bewusst aus der Perspektive von einzelnen Kindern an. Identische Situationen stellen sich aus dem Blickwinkel der schwächeren und erfolgsärmeren Kinder oft ganz anders dar: »Mathe-König-Spiele« oder »Lese-König-Spiele« sind sehr motivierend – besonders für die Guten, Schnellen und Erfolgreichen. Welche intrinsische Motivation für Mathematik sollten Wettspiele, bei denen sich Kinder, die die Lösung wissen, hinsetzen können, für ein Kind bewirken, das bis zum Schluss stehen bleiben muss? Bei Spielen dieser Art sollten Sie wenigstens darauf achten, dass Sie trotz des Wettkampfcharakters steuernd eingreifen können, um schwächere Kinder zu unterstützen und ihnen Erfolgserlebnisse zu ermöglichen. Generell sollten Sie aber mehr auf eine Verbesserung des Lernklimas als auf Motivation durch Leistungs-Darwinismus setzen.

Perspektiv-wechsel

● *Bleiben Sie sich immer Ihrer Profession bewusst.* Viele Lehrerinnen und Lehrer, z.B. in Oberstufen, definieren sich über ihr Fach. Motto bei Elternabenden: »Ich bin von Hause aus Mathematiker ... Physiker ... Historiker ...« Erliegen Sie nicht dieser Täuschung! Mathematiker, Physiker, Historiker etc. werden in Banken, Behörden, Universitäten, Forschungsinstituten gebraucht. In Schulen braucht man Lehrerinnen und Lehrer: Für diesen Beruf haben Sie sich entschieden. Falls Ihnen das peinlich ist, und Sie lieber Mathematiker, Physiker, Historiker etc. wären, tun Sie etwas dafür, und verwechseln Sie nicht die Rollen.

Berufsrolle

7.3.3 Ziele festlegen und Inhalte bestimmen

Fend hat zwischen »veranstalteten« und »nicht veranstalteten« Lernprozessen unterschieden und die Systematisierung der Lernbedingungen sowie die Formulierung von Lernzielen als Kennzeichen und Bestimmungsmerkmal für »veranstaltete« Lernprozesse beschrieben (vgl. 3.2). In diesem Sinne werden Schule und Unterricht vielfach durch Planmäßigkeit, Intentionalität oder Zielgerichtetheit definiert, z.B.:

● »Schule ist die pädagogische Institution, in der Prozesse des Lehrens und Lernens auf der Grundlage langfristiger Planung und zielgerichteter Auswahl der Lernstoffe verwirklicht werden« (Keßler/Krätzschmar 1993, S. 63).

● »Unterricht wird charakterisiert durch Intentionalität, Planung und bewußten Einsatz von Unterrichtsmethoden« (Beckmann/Biller 1993, S. 21).

Auch ohne diese definitorischen Festlegungen dürfte schon im Sinne einer »face validity« klar sein, dass Unterricht Ziele verfolgt. Während ursprünglich nur von Lernzielen gesprochen wurde, hat sich später eine Unterscheidung zwischen *Lehrzielen* und *Lernzielen* durchgesetzt: »Die Bezeichnung ›Lernziel‹ ist eine relativ willkürliche Übersetzung des in Amerika seit langem üblichen Begriffs ›objectives‹. Soweit sie von [...] Lehrern aufgestellt werden, sollten sie besser ›Lehrziele‹ heißen. ›Lernziele‹ werden sie erst dann, wenn die Schüler sie sich zu eigen gemacht haben. Beide Begriffe bezeichnen den gleichen Sachverhalt aus jeweils unterschiedlichen Perspektiven« (Glöckel 1992, S. 137).*

Intentionalität

Zielstellungen können auf sehr unterschiedlichem Abstraktionsniveau formuliert werden. Auf der obersten Ebene werden Ziele wie Kompetenz, Autonomie, Solidarität genannt, auf der unteren Ebene können es kleinschrittig operationalisierte Ziele wie »von zehn Aufgaben aus dem kleinen Einmaleins mindestens acht Aufgaben ohne Verwendung von Hilfsmitteln richtig lösen« sein. Es liegt auf der Hand, dass Unterricht sich im Wesentlichen auf mittel- oder kurzfristige Ziele konzentrieren muss, die langfristigen Ziele dabei aber nicht aus den Augen verlieren darf.

Leitziele

Ziele und Inhalte stehen nicht unvermittelt nebeneinander. Sie wurden traditionell verbunden wahrgenommen: Im Thema oder im Inhalt war das Ziel gewissermaßen als Kern bereits enthalten. Lesebücher enthielten »Gesinnungsstoffe« – und die »Gesinnung« kam durch den Inhalt zum Ausdruck. Die bewusste Aufteilung von Zielen und Inhalten hat sich erst vom Ende der Sechzigerjahre an durchgesetzt. Bis dahin ging es in der Didaktik eher um die Auswahl der Bildungsinhalte, deren »Bildungsgehalt« gleichzeitig die Zielvorstellung darstellte. Eine detailliertere Betrachtung zeigt aber, dass die Zusammenhänge doch nicht so einfach sind: Auf der einen Seite kann man die *gleichen* Ziele mit unterschiedlichen Inhalten anstreben. Auf der anderen Seite ist es möglich, mit einem identischen Lerninhalt *unterschiedliche* Ziele zu verfolgen. Von daher ist für die Unterrichtsplanung eine Trennung zwischen Intentionalität und Thematik, wie sie Heimann in der »Berliner Didaktik« vorgenommen hat, sinnvoll. Bei der Zielsetzung unterscheidet dieser Ansatz zudem kognitive, pragmatische und emotionale Ziele. Im Unterricht geht es

● nicht nur um Wissen und Kenntnisse (kognitive Dimension),

---

* Aus meiner Sicht ist dies eine sophistische Festlegung. Mit der gleichen Begründung könnten wir auch zwischen Lehrinhalt und Lerninhalt, Lehrstoff und Lernstoff unterscheiden. Da sich diese Begriffsunterscheidung jedoch durchgesetzt hat, folge ich ihr bis auf weiteres.

- sondern auch um Fähigkeiten und Fertigkeiten (pragmatische Dimension)
- sowie um Haltungen und Einstellungen (emotionale Dimension).

Beispiel

So wird sich der Deutschunterricht auf ganz unterschiedliche Ziele konzentrieren: Er kann die Kenntnis von Rechtschreibmustern (»Päckchen« mit ck, »Paket« mit k) erarbeiten, die Fertigkeit, ein Wörterbuch zu benutzen, sichern oder die Bereitschaft, einem kranken Kind einen Brief zu schreiben, fördern. Das sind unterschiedliche Ziele, und es ist gut, wenn Lehrende sich selbst darüber Rechenschaft ablegen, welche Dimension ihr Unterricht ansprechen soll.

Heimann (1961, S. 125) hat zusätzlich zu den drei Dimensionen auch noch den Grad der Entfaltung der jeweiligen Dimension in den Blick gebracht, so dass eine Tabelle mit doppeltem Eingang entsteht:

Dimensionen und Qualitätsstufen von Unterrichtszielen			
	Zieldimension		
Qualitätsstufe	**kognitive Dimension**	**pragmatische Dimension**	**emotionale Dimension**
Anbahnung	Kenntnis	Fähigkeit	Anmutung
Entfaltung	Erkenntnis	Fertigkeit	Erlebnis
Gestaltung	Überzeugung	Gewohnheit	Gesinnung

In der Praxis werden sich sowohl die unterschiedlichen Zieldimensionen wie auch die Anbahnungsstufen wohl kaum so deutlich voneinander abheben lassen, wie das in der Theorie der Fall ist. Dennoch kann sich die Unterscheidung unter analytischen Gesichtspunkten als sinnvoll erweisen: Sie hilft den Lehrenden, in der Vorbereitungsphase ihre Zielsetzungen klarer zu durchdenken. Gerade weil Unterricht ein Prozess ist, der bei seinem Vollzug eine ganz eigene Dynamik entfalten kann, ist es zweckmäßig, sich vorher klarzumachen, welche Dimension der Unterricht ansprechen soll und auf welcher Entfaltungsstufe er sich befindet. Diese Perspektive kann bei der Entscheidung über angemessene Lernaktivitäten, Materialangebote und Ergebniskontrollen hilfreich sein.

Zieldimensionen

Insgesamt sollte man jedoch nicht den Blick dafür verlieren, dass Lehr- und Lernhandlungen nur in den seltensten Fällen auf isolierte Ziele ausgerichtet sind. Im Normalfall gilt eher das Gegenteil: Wie in vielen anderen Handlungssituationen ist auch im Unterrichtsprozess anzunehmen, dass Lehrende und Lernende jeweils mehrere Ziele gleichzeitig mit einer einzigen Handlung verfolgen. Ein Kind meldet sich: Welche Ziele es verfolgt, darüber können wir nur spekulieren. Wahrscheinlich will es eine Leistung zeigen, aktiv sein, Spaß haben, gelobt werden, anderen Kindern imponieren oder es will sich einfach nur angepasst verhalten – und das (möglicherweise) alles gleichzeitig.

Die Beobachtung von Unterrichtspraxis zeigt, dass auch Lehrende mehrere Ziele gleichzeitig verfolgen. Ihre Handlungen verknüpfen z.B.

- stoffliche Ziele – sie wollen, dass bestimmte Inhalte oder Pragmata gelernt werden,
- erzieherische Ziele – sie wollen bestimmte Haltungen oder Einstellungen vermitteln,
- Prozessziele – sie wollen ein bestimmtes Arbeits- und Disziplinniveau aufrecht erhalten. (Manchmal wollen Sie auch nur die Stunde »anständig über die Runden bringen«.)

Überlagerung von Zielen

Gerade weil im Unterrichtsprozess oft keine einfache, einseitige Zielfestlegung möglich ist, sondern unterschiedliche, sich wechselseitig überlagernde Zielsetzungen vorliegen, ist es ratsam, die Lehrziele zunächst einmal für sich zu betrachten und erst im nächsten Planungsschritt die Inhalte (den Gegenstand) einzubeziehen.

> Erst »Wenn wir [...] *Gegenstand* und *Intentionen* bewußtseinsmäßig erfaßt haben und genau *unterscheiden* können, was das eine und was das andere ist, haben wir Klarheit als Voraussetzung der Unterrichtsvorbereitung gewonnen« (Heimann 1961, S. 109).

Lehrziele werden in der Regel durch drei Einflussgrößen moderiert: durch die Annahmen über die Entwicklungsangemessenheit, durch fachsystematische Aspekte und durch die Standortbedingungen. In der lern-/lehrtheoretischen Didaktik kommt dem Verhältnis zwischen Zielen und Inhalten eine besondere Stellung zu. Heimann hat das auf die griffige Formel gebracht, dass der Gegenstand erst durch seine intentionale Bestimmung als Lerngegenstand konstituiert wird (Heimann 1961, S. 108).

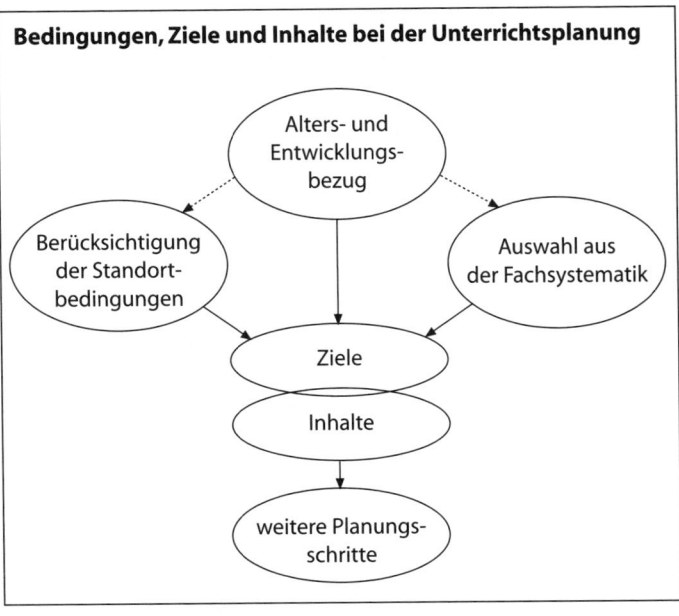

Bedingungen, Ziele und Inhalte bei der Unterrichtsplanung

Alters- und Entwicklungsbezug

Berücksichtigung der Standortbedingungen

Auswahl aus der Fachsystematik

Ziele

Inhalte

weitere Planungsschritte

An dieser Formulierung wird erkennbar, dass die »Berliner Didaktik« beim Verhältnis von Zielen und Inhalten entgegen der viel zitierten Interdependenzthese implizit doch der Zielentscheidung einen Vorrang eingeräumt hat. Auch Klafki hat in der Neufassung der bildungstheoretischen Didaktik »vom Primat der Zielentscheidungen« gesprochen (Klafki 1996, S. 117). Jedoch sollte nicht übersehen werden, dass der Zielentscheidung bereits eine Entscheidung vorausläuft: die Entscheidung, für welche »Adressatengruppe« ein Ziel bestimmt werden soll.

> Wenn überhaupt von einem Primat die Rede sein kann, dann liegt es offensichtlich in der Alters- und Entwicklungsorientierung: Zuerst muss die Frage geklärt sein, an wen sich der Unterricht richtet. Danach wird entschieden, welche Ziele mithilfe welcher Inhalte erreicht oder welche Inhalte zugunsten welcher Ziele erarbeitet werden sollen.

In der Praxis zeigt sich, dass Lehrerinnen und Lehrer ihren Unterricht an realistischen, d.h. den Kindern angemessenen und von den Kindern erreichbaren Zielen und Inhalten ausrichten. Sie wollen keinen Unterricht machen, der »über die Köpfe der Kinder hinweggeht«. Allerdings gehen Lehrerinnen und Lehrer bei ihren Planungsentscheidungen häufig von einem »guten« Inhalt aus, den sie erst im Nachgang auf plausible Lehrziele hin untersuchen. Dies setzt den Vorrang der Alters- und Entwicklungsorientierung nicht außer Kraft. Denn der Inhalt wird vermutlich genau deshalb als »gut« klassifiziert, weil die Lehrkraft im Zuge einer intuitiven Kurzanalyse dessen Alters- und Entwicklungsangemessenheit erkennt.

Für die Auswahl der Inhalte des Unterrichts hat Klafki mit seiner »Didaktischen Analyse« (1958) eine nachvollziehbare Struktur vorgelegt. An ihr hat er auch bei der Entwicklung seines Perspektivenschemas zur Unterrichtsplanung grundsätzlich festgehalten. Im Perspektivenschema stellt er insgesamt sieben Leitfragen, von denen sich die ersten fünf stärker auf den Inhalt, die letzten beiden stärker auf die Vermittlung beziehen. Dieser Fragenkatalog hat seine prinzipielle Gültigkeit bislang nicht verloren.

● Leitfrage 1: Gegenwartsbedeutung
  »Welche Bedeutung hat der betreffende Inhalt bzw. die an diesem Thema zu gewinnende Erfahrung, Erkenntnis, Fähigkeit oder Fertigkeit bereits im geistigen Leben der Kinder meiner Klasse [...] « (S. 16).* Die

---

* Ich folge der Darstellung im Band »Neue Studien zur Bildungstheorie« (Klafki 1996, S. 251–284) und dem ursprünglichen Text der »Didaktischen Analyse« (vgl. Klafki 1964, S. 5–34). Die kursiv gesetzten Fragen sind Zitate aus diesem Text.

erste Frage steht im Zusammenhang mit der Alters- und Entwicklungsorientierung, aber auch im Zusammenhang mit den Rahmenbedingungen des Unterrichts: Grundschulkinder im ländlichen Raum werden zur sachunterrichtlichen Themenstellung »Wo kommen die Pommes frites her?« einen anderen Bezug haben als Großstadtkinder, die den Zusammenhang zwischen Kartoffel und Erde oder zwischen Jahreszeit und Ernte nicht aus eigener Anschauung kennen. Gegenwartsbedeutung und sachorientierte Motivation gehen Hand in Hand. Allerdings bedeutet das nicht, dass der Zusammenhang auf die Frage »Macht das den Kindern Spaß?« verkürzt werden darf – obwohl auch dieser Gesichtspunkt eine Rolle spielt.

Sachorientierte Motivation

- Leitfrage 2: Zukunftsbedeutung

»Worin liegt die Bedeutung des Themas für die Zukunft der Kinder?« (S. 17). In einer dynamischen Gesellschaft liegt die Problematik dieser Frage auf der Hand: Voraussagen über das, was Kinder in der Zukunft brauchen, sind nur sehr begrenzt möglich. Daher lässt sich ohne große Fantasie zu jedem Inhalt eine Zukunftsbedeutung »erfinden«, ohne dass wir eine hinreichende Ahnung darüber haben könnten, was in der Zukunft dieser Kinder wirklich bedeutsam wäre. Bei Wirtschaftsprognosen gilt der Spott, dass Vorhersagen schwierig sind, wenn sie sich auf die Zukunft beziehen. In der Pädagogik ist das nicht anders. Klafki selbst gesteht ein, dass »solche Formulierungen unvermeidlich hochtrabend klingen« (Klafki 1996, S. 275). Meiner Meinung nach macht die Frage für die konkrete Unterrichtsvorbereitung vor allem dann Sinn, wenn man sie nicht auf die spätere Berufs- oder Familiensituation der Kinder bezieht, sondern auf eine relativ nahe Zukunft – insbesondere auf schulische Lern- und Motivationszusammenhänge – beschränkt.

Bedeutung für den Lernfortschritt

Im Kern haben wir es hier mit der Frage zu tun: Was müssen Kinder lernen? Eine konsensfähige Antwort auf diese Frage lautet, dass die Kinder das Lernen lernen müssen. Das ist richtig, aber abstrakt und hilft in der praktischen Entscheidung nicht viel weiter, weil ›das Lernen‹ ja immer an konkreten Lerninhalten gelernt werden muss. Für die Grundschule sieht es so aus, als ließe sich die Zukunftsbedeutung noch relativ einfach feststellen, weil deren Inhalte unisono grundlegenden Charakter – und damit eben auch Zukunftsbedeutung haben. Sieht man aber von den basalen Erstunterrichtsbereichen (Erstlesen, Erstschreiben, Erstmathematik) ab, dann werden auch hier schnell Zweifel wirksam: Hat das Thema »Frühblüher« eine Zukunftsbedeutung? Und wenn ja: Benötigen Kinder Wissen über alle, viele oder nur über einen einzelnen Frühblüher? Konkret: Reicht das Schneeglöckchen aus? Eine Antwort darauf versucht die didaktische Analyse mit der nächsten Frage zu geben.

Checkliste 6 (S. 126)

- Leitfrage 3: Exemplarische Bedeutung

  »Welchen größeren bzw. welchen allgemeinen Sinn- oder Sachzusammenhang vertritt und erschließt dieser Inhalt? Welches Urphänomen oder Grundprinzip, welches Gesetz, Kriterium, Problem, welche Methode, Technik oder Haltung läßt sich in der Auseinandersetzung mit ihm ›exemplarisch‹ erfassen?« (S. 15). Die Gegenwarts- und die Zukunftsbedeutung reichen zur Begründung eines Inhaltes nicht aus. Die

  Verminderung der Stofffülle

  Kernfrage der bildungstheoretischen Didaktik lautete: Worin liegt der Bildungsgehalt? Die Frage nach der exemplarischen Bedeutung sucht eine Antwort darauf. Zugleich versucht sie, der alle Horizonte sprengenden Stofffülle eine begründete Gegenposition entgegenzustellen. Damit die Wissensexplosion nicht zur Bildungsimplosion wird, muss Unterricht thematische Zusammenhänge auswählen, die für mehr als nur für sich selbst stehen können. Bei der Frage nach der exemplarischen Bedeutung geht es also immer auch um eine qualitativ begründete Reduktion der Stoffmenge. Unter dieser Perspektive kann das Schneeglöckchen für die Gruppe der Frühblüher stehen. Sie alle haben einen Stärkespeicher, der sie von den äußeren Bedingungen (ein Stück weit) unabhängig macht.

- Leitfrage 4: Thematische Struktur

  »Welches ist die Struktur des [...] Inhaltes?« (S. 17). Da Klafki die didaktische Analyse als den Kern der Unterrichtsvorbereitung apostrophierte, ist nachvollziehbar, dass die Frage nach der Struktur des Inhalts von ihm stark ausdifferenziert wird. Die ersten drei Unterfragen

  Sachanalyse

  bilden den Kern der unverzichtbaren Sachanalyse. Hier geht es darum, die Wissenselemente und ihre strukturellen Zusammenhänge zu erfassen, Wechselwirkungen zu bestimmen sowie Fakten und Hypothesen, Wesentliches und Unwesentliches zu unterscheiden:

  - *»Welches sind die einzelnen Momente des Inhaltes als eines Sinnzusammenhanges?«*
  - *»In welchem Zusammenhang stehen diese einzelnen Momente?«*
  - *»Ist der betreffende Inhalt geschichtet? Hat er verschiedene Sinn- und Bedeutungsschichten?«* (S. 18–19).

  Noch einmal: Im Fokus steht hier die Durchdringung der Sache im Verständnis der Lehrkraft selbst. Auch die weiteren Unterfragen sind noch sachorientiert. Sie bringen allmählich aber auch die unterrichtliche Umsetzung in den Blick:

  - *»In welchem größeren sachlichen Zusammenhang steht dieser Inhalt? Was muß sachlich vorausgegangen sein?«*
  - *»Welche Eigentümlichkeiten werden den Kindern den Zugang zur Sache vermutlich schwer machen?«*
  - *»Was hat als notwendig festzuhaltender Wissensbesitz (›Mindestwissen‹) zu gelten [...]?«* (S. 19–20).

- Leitfrage 5: Erweisbarkeit und Überprüfbarkeit
  »*Wie, an welchen erworbenen Fähigkeiten, welchen Erkenntnissen, welchen Handlungsformen, welchen ›Leistungen‹ im weiteren Sinne des Wortes soll sich zeigen und soll beurteilt werden, ob die angestrebten Lernprozesse bzw. Zwischenschritte als erfolgreich gelten können?*«
  (Klafki 1996, S. 280). Als isolierte Fragestellung taucht die Frage nach der Überprüfbarkeit erst im Perspektivenschema der »kritisch-konstruktiven Didaktik« auf.

Mindestwissen

- Leitfrage 6: Zugänglichkeit bzw. Darstellbarkeit
- Leitfrage 7: Lehr-Lern-Prozessstruktur

Der Vollständigkeit halber sind an dieser Stelle noch der sechste Komplex (Zugänglichkeit) und der siebte Komplex (Lehr-Lern-Prozessstruktur) zu nennen. Diese beiden Komplexe des Perspektivenschemas reichen bereits über die Ziel- und Inhaltsfrage hinaus und stellen eine Verbindung zu methodischen Überlegungen dar und werden weiter unten angesprochen. Bezüglich der Ziel- und Inhaltsfrage sollten wir uns aber der Tatsache bewusst bleiben, dass Unterricht die Kinder perspektivisch auch für unbekannte Situationen vorbereiten soll. Bei aller Wertschätzung von Wissen, auf das Unterricht ausgerichtet ist, geht es daher immer auch um die Erarbeitung und Generalisierung von Lern-, Informations- und Bewertungsstrategien. Eine Beschränkung allein auf inhaltliche Lehrziele ist daher problematisch: Kinder müssen auch lernen, sich auf neuem »unbekannten Terrain«, für das sie keine materiale Vorbereitung erfahren haben, zu orientieren.

7.3.4 Unterricht strukturieren und Ergebnisse sichern

Das zentrale Ziel von Unterricht in der Schule ist es, Kindern und Jugendlichen beim Lernen zu helfen. Alle methodischen Maßnahmen, die Lehrerinnen und Lehrer im Unterricht ergreifen, sind diesem Ziel verpflichtet. Die Unterrichtsmethodik hat eine Vielzahl von Aktionsformen, Verfahrensschritten und Rezepten entwickelt, um *Lehrende* zu unterstützen und um das Lehrerhandeln effektiver zu machen. Daneben hat es im Rahmen der Unterrichtsmethodik aber immer auch Bemühungen gegeben, die Handlungsmöglichkeiten und Aktivitätsformen der *Lernenden* durch besondere Arrangements zu fördern, um auf diese Weise die Lehr-Lernprozesse erfolgreicher zu machen. Methodische Arrangements zur Förderung der Schüleraktivität haben neben dem alles dominierenden Frontalunterricht über viele Jahre hinweg eher ein Schattendasein geführt. Sie sind erst in den letzten Jahren in verschiedenen Formen von

Häufigkeit methodischer Unterrichtselemente (vgl. Wiechmann 1999, S. 12)	
Formen	**Anteil**
Lehrervortrag	6,54 %
Demonstration	10,34 %
»Frage-Antwort-Spiel«	9,37 %
Unterrichtsgespräch	8,88 %
Diskussion	1,27 %
Schülervortrag	0,68 %
Stillarbeit	10,44 %
Betreute Schülertätigkeit	24,98 %
Selbstständige Schülertätigkeit	2,73 %
Stuhlkreis	3,02 %
Kein Unterricht	13,26 %
»Klassengeschäfte«	6,83 %
Sonstige Formen	1,66 %

Angebotsunterricht, der den Lernenden mehr Wahl- und Mitbestimmungsrechte einräumt, in einem – wenn auch noch immer bescheidenen Umfang – in der Unterrichtsrealität in Erscheinung getreten. Wiechmann hat das Auftreten einzelner methodischer Elemente in 114 Unterrichtsstunden untersucht und die in der Tabelle dargestellten Häufigkeiten angegeben.

Zwar handelte es sich dabei überwiegend um Grundschulunterricht, doch weist der Autor darauf hin, dass sich die Veränderungen gegenüber früheren Untersuchungen nicht allein auf Grundschulunterricht beziehen. Folgt man dem Autor, dann kann »von einer Dominanz des fragend-entwickelnden Unterrichts ... bei einem Anteil von 35,12% nicht mehr gesprochen werden. Betreute Schülertätigkeit und Stillarbeit liegen bei einem Anteil von 35,42% praktisch gleichauf« (Wiechmann 1999, S. 11). Der Autor betont allerdings auch, dass diese erfreuliche Steigerung der Schüleraktivitäten und die damit verbundene Abnahme der Lehrerdominanz nicht unbedingt als Ausdruck von Methodenvielfalt gedeutet werden darf. Vielmehr scheint es so, »dass der hohe Anteil der betreuten Schülertätigkeit den massiven Einsatz von Arbeitsblättern widerspiegelt; das ist ein Gewinn gegenüber der vorher beobachteten Sprachdominanz, aber noch kein Beleg für ein vielfältiger gewordenes Methodenrepertoire« (Wiechmann 1999, S. 11).

Hier tritt ein aktuelles Problem der Unterrichtsmethodik offen zu Tage: Arbeitsblätter sind gegenüber traditionell lehrerzentriertem Unterricht nicht von vornherein ein Fortschritt. Sie enthalten nicht eo ipso anregende und abwechslungsreiche Tätigkeiten. Im Gegenteil: Viele Arbeitsblätter stellen engmaschig vorgeplanten und vorentschiedenen Unterricht dar. Die Lehrerdominanz ist dabei ganz offensichtlich. Sie hat lediglich ihre Form geändert. Kooperation zwischen den Schülerinnen und Schülern, z.B. das Eingehen auf die mündlichen Beiträge anderer, ist erschwert oder wird zumindest tendenziell noch stärker eingeschränkt als im herkömmlichen Unterricht. Das unübersehbar gewordene Angebot von fertigen Arbeitsblättern aus Verlagen und das schier unbegrenzte Angebot freier Arbeitsblätter im Internet weisen teilweise schwere Mängel auf. Nicht nur, dass sie unter sachlichen Gesichtspunkten häufig extrem dürftig oder sogar fehlerhaft ausfallen – sie sind auch ohne jede Rückkopplung zu der Lerngruppe, in der sie aktuell eingesetzt werden,

Lehrerdominanz

entwickelt worden. Daher fehlt ihnen jeglicher Situationsbezug. Zugespitzt formuliert: Arbeitsblätter, die allenfalls als Grundlage für eine unvorhergesehene Vertretungsstunde akzeptabel sind, bestimmen in vielen Fällen den Unterricht. Verstehen Sie dies aber bitte nicht als Philippika gegen Arbeitsblätter, sondern als Erinnerung an eine Selbstverständlichkeit: Wenn Stillarbeit oder Einzelarbeit Teil von Unterricht ist, dann sind sie wie jeder andere Teil von Unterricht sorgfältig an Zielen orientiert zu planen. Dann müssen die spezifischen Bedürfnisse der Lerngruppe analysiert und die Ergebnisse in den weiteren Ablauf des Unterrichts integriert werden.

Positiv ist festzuhalten, dass der Grad der Schüleraktivierung zugenommen hat. Aber Wiechmanns Momentaufnahme zur faktischen Unterrichtsmethodik weist Licht- und Schattenseiten auf. Die Dominanz des traditionellen Frontalunterrichts, den Meyer für die Sekundarstufe noch beschreibt (Meyer 2001, S. 93), ist zumindest für den Bereich der Grundschule aufgebrochen. Ein problematischer Posten ist aber das Faktum, dass die Kategorien »Kein Unterrricht«, »Klassengeschäfte« und »Sonstiges« zusammen mehr als ein Fünftel (fast 22%) und damit pro 45-Minuten-Stunde fast zehn Minuten ausmachen. Natürlich wäre es methodisch fragwürdig, wenn man eine Hochrechnung dieser Werte auf größere Zeitabschnitte oder auf die gesamte Schulzeit eines Kindes vornehmen wollte. Methodologisch ist es nicht statthaft, aus einer Querschnittsuntersuchung Längsschnittsergebnisse abzuleiten. Rechnen Sie die Angaben der Tabelle trotzdem einmal als Gedankenexperiment unverbindlich und unter Vorbehalt weiter: Von fünf Stunden eines Unterrichtstages ginge rund eine Stunde verloren – von fünf Unterrichtstagen: ein Tag – von fünf Schulwochen: eine Woche – und so weiter. Spätestens wenn Sie den Verlust für den Zeitraum von fünf Jahren »hochgerechnet« haben, sollten Sie das Gedankenexperiment abbrechen. Es dürfte klar geworden sein, dass die Verbesserung von Unterricht auch bei der Zeitnutzung ansetzen muss. Wenn Sie als Lehrerinnen und Lehrer Zeit verschenken (und das gilt auch im Praktikum), dann gibt es Gewinner und Verlierer. Dass die Kinder dabei die Verlierer sind, liegt auf der Hand.

Unterrichtszeit produktiv nutzen

»Unterrichtsmethode« kann als Sammelbegriff für ein außerordentlich weites Feld unterrichtlicher Aktivitäten verstanden werden. Der Begriff schließt pädagogische Gesamtkonzeptionen wie die »Montessori-Methode«, lernfeldbezogene Ansätze wie die »Ganzheitsmethode« oder methodische Arrangements wie den »arbeitsteiligen Gruppenunterricht« ein. Sacher hat Studierende nach ihren Vorstellungen zur Unterrichtsplanung befragt und seine Ergebnisse wie folgt zusammengefasst: »In der Planungskategorie ›Unterrichtsmethoden‹ spielen Überlegungen zur Zeitplanung, zur Artikulation der Unterrichtsstunde, zu den Lehrverfahren, zu den Sozialformen, zu motivierenden und interesseweckenden

Maßnahmen sowie zu einzelnen konkreten Unterrichtshandlungen des Lehrers die größte Rolle. Einzelne konkrete Schülertätigkeiten hingegen wurden nur relativ selten benannt« (Sacher 1992, S. 5). In diesem Zitat werden einige Kategorisierungsgesichtspunkte von Unterrichtsmethoden angesprochen, wie sie in ähnlicher Form bereits von Heimann/Otto/Schulz und in den Veröffentlichungen verschiedener Autoren verwendet werden.

Artikulation des Unterrichts

Checkliste 7
(S. 127)

Der Begriff »Artikulation« taucht im pädagogischen Feld bereits bei Johann Friedrich Herbart (1776–1841) auf. Er bezeichnete die »Gliederung« des Unterrichts. Herbarts vierstufiges Gliederungsschema orientierte sich am Ablauf eines Denkaktes und beruhte auf dem Wechsel von »Vertiefung und Besinnung« (vgl. Herbart 1806, S. 84ff.). Da Herbart diese als »ruhend« oder »fortschreitend« bestimmte, ergibt sich folgendes Gliederungsschema, das Herbart in jeder kleinsten Einheit des Unterrichts berücksichtigt wissen wollte:

Artikulation des Unterrichts bei Johann Friedrich Herbart (1806)		Stufe	Beschreibung
Vertiefung	ruhende Vertiefung	Klarheit	Erkennen eines Sachverhalts, seiner Elemente etc.
	fortschreitende Vertiefung	Assoziation	Verknüpfung mit dem bereits vorhandenen Wissen
Besinnung	ruhende Besinnung	System	Einordnung in das vorhandene Wissen, Systematisierung, Ordnung
	fortschreitende Besinnung	Methode	Anwendung, Übertragung, Transfer, Generierung neuer Elemente mithilfe des Systems

Die »Herbartianer« (zweite Hälfte des 19. Jahrhunderts) hatten eine fünfte Stufe vorausgestellt und allen Unterricht daran ausgerichtet. Es entstanden die zu Recht kritisierten »Formalstufen des Unterrichts«. Die Kritik an dem erstarrten Formalismus der Herbartianer mündete am Beginn des 20. Jahrhunderts in die Reformpädagogik ein. Vereinfacht kann man sagen, dass sich die Reformpädagogik mehr an den Interessen der Kinder und weniger an der Struktur eines bestimmten didaktischen Systems orientiert hat. Ihre didaktischen Strukturierungen wurden insgesamt flexibler und vielfältiger. In der zweiten Hälfte des zwanzigsten

Jahrhunderts hat das lernpsychologisch orientierte Schema von Heinrich Roth eine große Verbreitung gefunden. Nach Roth (1957, S. 222–227) vollzieht sich Lernen, insbesondere das Lernen in den Lehr-Lernprozessen der Schule, in sechs Stufen. Neben den besonders exponierten Stufenschemata von Herbart und Roth gab/gibt es eine Vielzahl weiterer Gliederungsvorschläge. Schulz hat sechsundzwanzig (in Ziffern: 26) unterschiedliche Artikulationsschemata tabellarisch zusammengestellt, die jeweils in spezifischer Weise den bekannten Dreisatz von »Einleitung – Hauptteil – Schluss« variieren (vgl. Schulz 1996, S. 153).

**Lernpsycho-
logische
Orientierung**

Lernstufen bei Heinrich Roth (1957/[10]1967)		
	Stufe	**Beschreibung**
1	Stufe der Motivation	Ein Lernwunsch erwacht, ein Lernprozess wird angestoßen, eine Aufgabe wird gestellt.
2	Stufe der Schwierigkeit	Die Handlung gelingt nicht – die zur Verfügung stehenden Möglichkeiten reichen nicht aus.
3	Stufe der Lösung	Ein Lösungsweg wird entdeckt oder vom Lehrer vorgegeben.
4	Stufe des Tuns oder Ausführens	Der Lösungsweg wird aktiv vollzogen und ausgebaut.
5	Stufe des Behaltens oder Einübens	Das Gelernte wird eingeübt.
6	Stufe des Bereitstellens, der Übertragung und der Integration	Die neue Leistung wird für künftige Situationen bereitgestellt.

Ein wesentliches Problem aller Gliederungsschemata liegt darin, dass sie auf sehr unterschiedliche Lernsituationen angewendet werden sollen. Am Beispiel der Herbartianer und ihrem »Formalstufen-Schema« kann die Gefahr der Verengung und Verkrustung besonders deutlich aufgezeigt werden. Die Herbartianer (nicht Herbart selbst, wie oft fälschlich behauptet wird) haben Herbarts Stufenmodell in die Formalstufen umgewandelt: Der Zusatz »Formal« sollte ausdrücken, dass *jeder* Unterricht (ganz gleich, ob es sich um das Erlernen der »Rolle vorwärts« oder um eine Gedichtinterpretation handelte) den gleichen formalen Stufen zu folgen hat – nach heutigem Verständnis ein unsinniges Unterfangen. Generell liegt das Handicap der meisten Schemata darin, dass sie logisch oder psychologisch begründet werden, einen universellen Anspruch erheben, aber den Kontext des schulischen Lernens außer Acht lassen.

Problematik

Eine flexible Artikulation des Unterrichts hat Bönsch (1996, S. 144) vorgeschlagen. Sie geht zunächst – wie viele andere Schemata auch – von einem Dreischritt aus, der aber beispielhaft für unterschiedliche Gestaltungen des Lehr-Lernprozesses vom Autor variiert wird. Hier liegt ein Vorschlag vor, der eine unterrichtsorientierte Perspektive verfolgt.

Kontextorientiertes Grundschema der Gliederung (nach Bönsch 1996, S. 144).	
Unterrichtsphase	**Aktivität**
Eingangsphase	Motivation überdauernde Motiviertheit Situative Anregungen (Medien, Probleme u.a.m.)
Erarbeitungsphase	Nichtwissen → Erarbeiten Nichtverstehen → Erklären Nichtkönnen → Probieren Nichtakzeptieren → Überzeugen
Sicherungsphase	Behalten Üben Anwenden Übertragen Ausüben

Muss Unterricht überhaupt gegliedert werden? Diese Frage geht eigentlich am Ziel vorbei: Unterricht ist – da er in Zeitstrukturen stattfindet – immer zumindest rudimentär strukturiert. Er hat einen zeitlichen Anfang und ein Mittelteil und ein zeitliches Ende. Aus dem realen Verlauf des Prozesses ergeben sich in der Regel zumindest eine Eingangsphase, eine wie auch immer gestaltete Mittelphase und eine Schlussphase. Wenn es die Aufgabe der Unterrichtsmethode ist, den Lernweg der Schüler zu strukturieren (Meyer 1987, S. 86), dann entsteht daraus der Anspruch auf eine Gliederung des Unterrichts, die das Lernen der Kinder unterstützt. Artikulation oder Gliederung von Unterricht ist also keine Marotte der »Planungsfanatiker«, sondern ein professioneller Anspruch Ihres zukünftigen Berufes.

Sozialformen des Unterrichts

Unterricht beruht auf Interaktion und Kommunikation. Er hat daher – ob wir uns dessen bewusst sind oder nicht – immer auch soziale Auswirkungen. Da sich der Auftrag der Schule nicht auf die materialen, stofflichen Ziele beschränkt, liegt es im Zielbereich von Schule und Unterricht, diese sozialen Auswirkungen positiv zu gestalten. Die von Schulz formulierten Leitziele *Kompetenz*, *Solidarität* und *Autonomie* legen zwingend nahe, dass sich schulische Lehr-Lernprozesse auf *Sacherfahrung*, *Sozialerfahrung* und *Selbsterfahrung* erstrecken müssen. Die unterrichtsorganisatorischen Mittel, mit denen die Sozialerfahrungen strukturiert werden, sind (ebenfalls von Schulz) unter dem Begriff »Sozialformen« zusammengefasst worden. Dabei schien es nahe zu liegen, die Gruppengröße als Beziehungsgröße zu verwenden. In diesem Sinne können folgende Formen unterschieden werden:

**Sozial-
erfahrungen**

- Plenumsarbeit,
- Gruppenarbeit,
- Partnerarbeit,
- Einzelarbeit.

In der Literatur sind hiervon abweichende, aber inhaltlich ähnlich akzentuierte Begriffe zu finden: Schulz hat den Begriff »Plenumsunterricht« für den ansonsten verwendeten Begriff »Frontalunterricht« vorgeschlagen, weil er den Begriff »Frontalunterricht« für bestimmte Lehr-Lernarrangements (Gesprächskreis, Gesprächshalbkreis) für missverständlich hielt (zum Frontalunterricht vgl. Aschersleben 1999; Meyer 2001). Häufig werden die Begriffe »Gruppenarbeit« und »Gruppenunterricht« synonym verwendet. Da »Gruppenunterricht« aber ein längerfristiges Unterrichtskonzept bezeichnet, erscheint mir »Gruppenarbeit« für die spontane und kurzfristige Gruppenorganisation sinnvoller. Im gleichen Sinne unterscheiden wir auch »Einzelunterricht« und »Einzelarbeit« voneinander.

Die nachfolgende Tabelle (s. Seite 110) versucht, Vor- und Nachteile der einzelnen Sozialformen zusammenfassend darzustellen. Dabei nehme ich teilweise Bezug auf Schulz (1996, S. 151–167). Dieser Versuch muss notwendigerweise allgemein bleiben. Konkretere Aussagen über die Wirkung der einzelnen Sozialformen können immer nur vor dem Hintergrund der tatsächlichen Lehr-Lernprozesse und Gruppierungssituationen gemacht werden. Aber auch dann bleiben diese Aussagen über weite Strecken spekulativ. Ganz allgemein kann man jedoch sagen, dass sich Partner- oder Gruppenarbeit besonders dann anbieten, wenn es mehrere Perspektiven, mehrere Meinungen, mehrere Zugriffsweisen etc. gibt und das Lernen durch einen Gedankenaustausch gefördert werden kann. In den unterschiedlichen Sozialformen *lernen* Kinder nicht nur, sondern sie *lehren* in Gruppensituationen auch in einem gewissen Umfang. Vor allem lernen die Kinder, wie man selbstständig an Probleme herantritt, wie man Hilfen sucht, auswertet und in den eigenen Handlungsentwurf einbezieht.

**Vor- und
Nachteile**

Hugo Gaudig, einer der namhaftesten Vertreter der Reformpädagogik, hat schon vor rund 100 Jahren formuliert: »So paradox das klingen

Vorteile/Nachteile einzelner Sozialformen des Unterrichts		
Sozialform	**Vorteile**	**Nachteile**

Plenumsarbeit
    Frontalunterricht
    Gesprächskreis
    Gesprächshalbkreis
	Kontrolle der Stoffmenge und des Unterrichtsfortschritts durch die Lehrenden (Steuerung der Sacherfahrung), einfache Organisation	Lehrerdominanz, Rezeptivität, geringe Aktivität der Lernenden, eingeschränkte Sozialkontakte

Gruppenarbeit
(etwa 3–6 Kinder)
    arbeitsgleiche Form
    arbeitsteilige Form
	Reduzierung der Lehrerdominanz, Aktivierung, Förderung von Selbstständigkeit, Kooperationserfahrung und Sozialkompetenz	Zeitaufwändige Organisation, oft unklare und ungleiche Aufgabenübernahme in der Gruppe, ggf. Belastung durch interne Gruppenkonflikte

Partnerarbeit/ Kleingruppenarbeit (2–3 Kinder)	Reduzierung der Lehrerdominanz, einfache Organisation, Förderung von Selbstständigkeit, Kooperationserfahrung und Sozialkompetenz	Unklare und ungleiche Aufgabenübernahme in der Partner- oder Kleingruppe möglich, Konflikte durch Dominanz oder Abhängigkeit in der Beziehung möglich
Einzelarbeit	Reduzierung der Lehrerdominanz, einfache Organisation, Förderung von Selbstständigkeit, Individualisierung, ggf. freie Arbeit oder Wahlfreiheit	Egozentrische Arbeitshaltung wird u. U. gefördert, Schwächung der Sozialkontakte, fehlende Entlastung durch wechselseitige Hilfe

mag: der Schüler muß Methode haben. Dem Lehrer aber muß die Methode, seinen Zögling zur Methode zu führen, eigen sein« (Gaudig 1917; zit. nach Geppert/Preuß 1980, S. 21).

Methodisches Handeln

Die Unterrichtsmethodik der Lehrenden zielt auf einen Kompetenzgewinn von Kindern ab, der sich unter inhaltlicher, aber auch unter methodisch-organisatorischen Gesichtspunkten realisieren kann. Lehrerinnen und Lehrer müssen ihr methodisches Handeln dabei auch unter dem Aspekt betrachten, inwieweit es den Kindern als Modell für selbstgesteuertes Lernen dienen kann.

Methodisches Handeln von Lehrerinnen und Lehrern kann unter verschiedenen Gesichtspunkten geordnet werden. Im Allgemeinen wird vom Grad der Lenkung durch die Lehrkraft ausgegangen. Man unterscheidet danach, ob die Lehrperson das Lernen unmittelbar anleitet oder ob sie lediglich das Lernumfeld so vorbereitet, dass die Lernenden die Unterrichtsziele im Wesentlichen selbstständig erarbeiten können. In dieser Weise hatte Stöcker bereits vor mehreren Jahrzehnten zwischen unmittelbarem und mittelbarem Unterricht unterschieden (Stöcker 1970, S. 206ff.). In ähnlicher Weise sind auch andere Autoren vorgegangen. So unterschied Uhlig (1960) beispielsweise »die *darbietende* Methode, die *anleitende* Methode, die anregende Methode« (Uhlig 1960, S. 18).

Grad der Lenkung

Arten der Lern- und Lehrmethoden und ihre Begriffsnachbarschaft (nach Uhlig 1960, S. 19)		
Lernmethoden (-verfahren, -formen, -weisen)	**Lehrmethoden** (-verfahren, -formen, -weisen)	**Lehrakte**
rezeptive Lernmethode	*darbietende* Lehrmethode	z.B. Vortrag – Anschreiben von Texten und mathematischen Entwicklungen – erläuterter Demonstrationsversuch – erläutertes Vorzeigen von Lehrobjekten – Anzeichnen
geleitet produktive Lernmethode	*anleitende* Lehrmethode	z.B. Gesprächsführung – Begutachtung – Richtigstellung – Beispiel geben
selbstständig produktive Lernmethode	*anregende* Lehrmethode	z.B. Aufgabenstellung – Aufzeigen eines Problems – Vermittlung von Lernobjekten, Stoffquellen und Arbeitsmitteln

Die dieser Einteilung zugrunde liegenden Kategorien sind auch heute noch gültig. Die Terminologie hat sich allerdings gewandelt. So findet sich bei Einsiedler (1981, S. 177ff.) eine Aufteilung des methodischen Handelns in

- darbietende,
- erarbeitende und
- entdeckenlassende Lehrverfahren (vgl. auch Kiper 2001a, S. 137).

Aus meiner Sicht ist unstrittig, dass ein wesentlicher Teil der schulischen Lernsteuerung verbal erfolgt und dass Fragen und Impulse das wichtigste Steuerungsmittel dabei sind. Auch im Hinblick auf Ihre eigenen Unterrichtsplanungen lohnt es, sich mit diesem Bereich etwas ausführlicher zu beschäftigen. Im Folgenden soll der Fokus daher auf die Lernsteuerung durch Fragen und Impulse (erarbeitendes Lehrverfahren) gerichtet werden. Dabei geht es nicht nur um eine Vermeidung der gängigsten Fehlformen, sondern auch um eine Verbesserung der Lernsteuerung insge-

Fragen und Impulse

samt. Fragen und Impulse können sowohl der Lernsteuerung bei einzelnen Kindern wie auch der Steuerung des Unterrichtsprozesses als Ganzes dienen.

Verbesserung von Antwortmöglichkeiten

In Schulklassen befinden sich üblicherweise rund zwanzig oder mehr Kinder. Ein Problem des erarbeitenden Lehrverfahrens besteht daher darin, Impulse und Fragen so zu formulieren, dass möglichst nicht nur ein einziges Kind eine richtige Antwort geben kann. (Vgl. zum Folgenden Perrott1982, S. 55ff.)

Viele Fakten

- *Flächenfragen/Flächenimpulse*: Versuchen Sie Fragen so zu stellen oder Impulse so zu geben, dass mehrere richtige Fakten dazu genannt werden können, z.B.: »Welche Aufgaben werden von der Bundespost wahrgenommen?« – »In Niedersachsen gibt es unterschiedliche Landschaftsformen. Nenne eine davon!« – »Welche Einmaleinsaufgaben stecken in der Zahl 24?«

Viele Meinungen

- *Rahmenfragen/Rahmenimpulse*: Versuchen Sie Rahmenfragen/Rahmenimpulse so zu formulieren, dass mehrere Meinungen dazu möglich sind, z.B.: »Warum sollten Feuerwehrleute eine Uniform tragen?« – »Nenne Gründe, die für oder gegen die Verwendung von genverändertem Saatgut in Entwicklungsländern sprechen!« – »In welcher Form könnte unsere Klasse/unsere Schule zum Umweltschutz beitragen?«

Höherwertige Fragen und Impulse

»Die Schule ist eine Institution, die den Schülern kognitive Leistungen abverlangt. Zahlreiche Lehr-Lernprozesse haben das Ziel anspruchsvollere Denkstrukturen auszubilden« (Becker 1997, S. 67). Hierzu dient – neben anderen Lernanlässen – im Rahmen des erarbeitenden Lehrverfahrens auch die gezielte Auswahl von höherwertigen Fragen und Impulsen. Auf die Möglichkeit, mit verbalen Impulsen höherwertige Denkakte zu initiieren, ist seit dem Vorliegen einer Taxonomie für den kognitiven Bereich immer wieder hingewiesen worden (vgl. z.B. Bloom 1976, Perrott 1982, Becker 1997, Aschersleben 1999).

Taxonomie kognitiver Prozesse

Obwohl diese Taxonomie eindeutig in der Lernziel- und Curriculumdiskussion ihren Ursprung hat – sie wurde zur Legitimation kognitiver Lernziele entworfen – ist sie auch für so unterrichtspraktische Aspekte wie die Entwicklung von Fragen und Impulsen auf unterschiedlichem Niveau hervorragend geeignet.

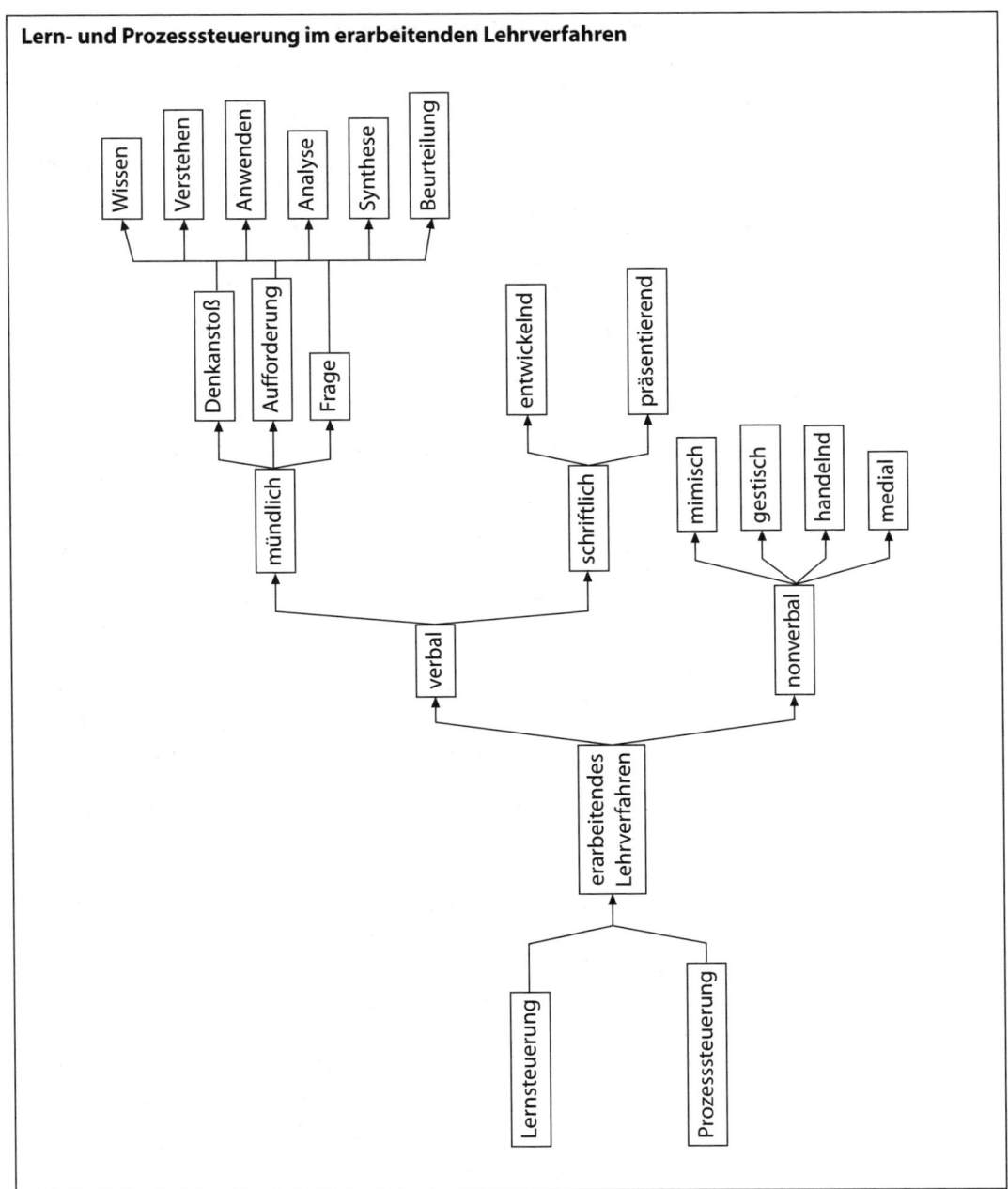

Lern- und Prozesssteuerung im erarbeitenden Lehrverfahren

Becker hat die Lernzielebenen der Bloomschen Taxonomie vereinfacht, ihre Kernaussagen herausgestellt und die Lernzielebenen am Beispiel »Schreiben eines Lebenslaufes« verdeutlicht. Seine Umsetzung bietet eine gute Basis für die Generierung höherwertiger Fragen und Impulse. Auf seine Vorgaben stützen sich die erste und die zweite Spalte der nachfolgenden Tabelle (Becker 1997, S. 61ff.; vgl. auch Bloom 1976, S. 65ff.).

Kognitives Niveau und höherwertige Impulse		
Kategorie	**Bedeutung**	**Beispiel**
1. Kenntnisse	Sich an Ereignisse oder Sachverhalte erinnern, diese erkennen.	Wann erfand Gutenberg die Buchdruckerkunst? In welchem Bundesland liegt Magdeburg?
2. Verstehen	Ereignisse und Sachverhalte durchschauen, Erklärungen nachvollziehen.	Schreibe eine passende Überschrift über jeden Textabschnitt!
3. Anwendung	Kenntnisse oder Einsichten auf andere Ereignisse oder Sachverhalte übertragen.	Suche aus diesem Text alle Verben und alle Adjektive heraus und streiche sie an!
4. Analyse	Strukturen durchschauen, Elemente identifizieren und Beziehungen zwischen den Elementen erkennen	Was verrät uns diese Szene über Pippi Langstrumpfs Einstellung gegenüber ihrer Lehrerin?
5. Synthese	Ereignisse oder Sachverhalte miteinander verknüpfen.	Was würde in euerem Haushalt passieren, wenn drei Tage lang der Strom ausfiele?
6. Bewertung	Das zu bewertende Ereignis oder den Sachverhalt sichten, nach Bewertungskriterien suchen und diese mit dem Ereignis oder Sachverhalt in Beziehung setzen.	Welches Thema sollen wir als nächstes behandeln? Begründe deine Auswahl! Was denkst du über Bücher von Christine Nöstlinger?

Bedeutung der Unterrichtsvorbereitung

Es ist ohne weiteres nachvollziehbar, dass die Entwicklung höherwertiger Fragen und Impulse selbst höherwertige Denkakte von der Lehrkraft verlangt und daher Teil der Unterrichtsvorbereitung sein muss. Das bedeutet keinesfalls, dass die Lehrkraft im erarbeitenden Unterrichtsgespräch nicht mehr offen für spontane Wendungen sein kann. Im Gegenteil: Es geht ja nicht um Spontaneität an sich, sondern darum, dass Ihnen spontan die richtigen Ideen zur Erreichung eines Unterrichtsziels kommen. (Vielleicht kennen Sie Leute, die sich angesichts einer verzwickten Autobahnkreuz-Serie darauf verlassen, dass sie unterwegs die richtigen Hinweise finden. Oft gründet diese Spontaneität darauf, dass die Straßenkarte für diese »Spontis« schon zu komplex ist.) Für den Unterricht gilt jedenfalls: Wer nicht weiß, wo er hin will, landet oft dort, wo er nicht hin wollte. Wenn das Gespräch, wenn Fragen und Impulse Ihr entscheidendes Steuerungsmittel für die Erarbeitung eines Lesetextes sind, erscheint eine detaillierte Vorbereitung – zumindest solange Sie noch keine positive Routine aufgebaut haben – zwingend geboten.

Beispiel

Höherwertige Fragen und Impulse bieten den Kindern explizite und implizite Verstehens- und Interpretationshilfen. Als Praktikantin oder Praktikant ohne einschlägige Berufserfahrung sollten Sie sich keinesfalls darauf verlassen, dass Ihnen ad hoc die richtigen Impulse einfallen. Höherwertige Fragen und Impulse sind daher ein notwendiger Gegenstand der Unterrichtsvorbereitung. Machen Sie gleich hier einen Versuch (s. S. 117):

Philipp und sein Hund

Heute regnet es, die Straße glänzt. Es ist ungemütlich.
Philipp sagt: »Es regnet, muss ich denn mit Bubu raus?"
»Es regnet nicht mehr", sagt Mutter, »es ist nur feucht und widerlich. Aber Bubu muss laufen."
Philipp mault: »Dieser blöde Hund, der kann doch in der Küche laufen."
Aber er geht doch mit Bubu spazieren. Er ist schlechter Laune, er wollte doch mit Kolja spielen. Ihn friert.
»Immer muss man was." Da dreht Bubu den Kopf und schaut ihn so nett an, dass Philipp sich bückt und den nassen Bubu plötzlich streichelt.

Antoinette Becker

Versuchen Sie, zu diesem Kinderbuchtext, der in Umfang und Niveau einem einfachen Lesebuchtext für das zweite Schuljahr entspricht, zu den Stufen der Taxonomie Fragen oder Impulse zu formulieren! Bedenken Sie aber, dass nicht alle Kategorien der kognitiven Taxonomie trennscharf auf einen Lesebuchtext übertragbar sind. (Die Kategorie »Anwendung« sollten Sie überspringen, weil es ohne Kenntnis einer spezifischen Unterrichtssituation kaum möglich ist, einen Impuls hierfür zu diesem Text zu entwickeln.)

Vermeidung von Fehlformen

Kritik an der »Lehrerfrage«

In der schulpädagogischen Diskussion hat die Auseinandersetzung mit der »Lehrerfrage« seit der Reformpädagogik eine bedeutende Rolle gespielt. Diese Diskussion soll hier nicht nachgezeichnet werden. Da Sie im Schulpraktikum aber in der Gefahr stehen, die üblichen Anfängerfehler zu reproduzieren, ist es sinnvoll, an Fehlformen zu erinnern und diese nach Kräften zu vermeiden.

● *Entscheidungsfragen* sind im erarbeitenden Lehrverfahren wenig sinnvoll. Sie reduzieren die Antwortmöglichkeiten der Lerngruppe auf ein einziges Wort. Zusätzlich ergibt sich das Manko, dass man auch durch

Anwendungsaufgabe	
Kategorie	**Hinweise für Ihre Formulierung**
Kenntnisse	Wer? Was? Wann? Wo? Nenne ...
z.B.	
Verstehen	Beschreibe ... Vergleiche ... Erkläre ... Fasse zusammen .... Was musst du bedenken?
z.B.	
Anwenden	Wende dein Wissen an! Gebrauche dabei ... Benutze ...
z.B.	
Analyse	Warum ist das so? Welchen Nutzen hat ... davon? Welche Punkte sind dabei wichtig?
z.B.	
Synthese	Was würde passieren, wenn ... Schreibe einen Bericht! Wende auf ein ähnliches Problem an ...
z.B.	
Bewerten	Bewerte ... Entscheide ... Begründe deine Haltung ...
z.B.	

Raten mit fünfzigprozentiger Wahrscheinlichkeit die richtige Antwort treffen kann: »Hat Astrid Lindgren das Drehbuch zum Film »Ronja Räubertochter« geschrieben?« – »Wurde J.F. Herbart in Oldenburg geboren?« – »Können Blesshühner fliegen?«

● *Doppel- oder Kettenfragen* nehmen den Denkprozess entweder teilweise voraus, oder sie sind eine schlichte Überforderung: »Warum soll man sich nach jeder Mahlzeit die Zähne putzen und wie kann man sich vor Karies schützen?« – »Was kommt in welcher Menge aus dem Autoauspuff?« – »Wer war Jean Anouilh, wann hat er gelebt und was sind seine wichtigsten Werke?«

● *Suggestivfragen* versuchen, die Kinder zu beeinflussen. Sie lassen ihnen keine echte Auswahl. Im Kern geht es bei Suggestivfragen auch nicht um Lernen im unterrichtlichen Sinn, sondern um Manipulation: »Meint ihr nicht auch, dass Nordirland wieder an die Republik Irland angegliedert werden sollte?« – »Eigentlich sollte sich Wolfgang schämen, nicht wahr? « – »Überlegt bloß mal, wie die Tiere bei den Tiertransporten und beim Schlachten gequält werden, meint ihr nicht auch, dass es besser wäre, kein Fleisch mehr zu essen?«

- *Füllfragen* verraten oft mehr über die Hilflosigkeit der Lehrkraft als über den nächsten Schritt im Unterricht. Füllfragen sind oft nicht mehr als eine schlechte Angewohnheit: »Seid ihr damit einverstanden?« – »Sind alle da?« – »Hat das jetzt jeder verstanden?«

Sie werden bemerken, dass es gar nicht einfach ist, eine Klasse zu unterrichten und zugleich das eigene Impulsverhalten zu kontrollieren.*

7.3.5 Motivation wecken

Hinsichtlich der Motivation hat Heinrich Roth in seiner Psychologie des Lehrens und Lernens davon gesprochen, dass man den »Lerngegenstand zum Lernziel des Lernenden werden lassen« muss (Roth 1967, S. 235). Betrachten Sie dies als eine konkrete Utopie, an deren Einlösung in der Realität schon viele gescheitert sind. Vielleicht ist es aber hilfreich, in der Vorbereitung jeweils im Blick auf die spezifische Lerngruppe darüber nachzudenken,

»Von allen Faktoren, die die intellektuelle Leistungsfähigkeit eines Schülers betreffen, kann in der konkreten Lernsituation allein die Motivation beeinflußt werden.« (Weißbrodt 1986, S. 156)

- welche Handlungsmöglichkeiten und Handlungsalternativen die Kinder haben, ob Handeln in Grob- und Feinmotorik möglich ist,
- wie die Einbeziehung unterschiedlicher Sinneswahrnehmungen ermöglicht werden kann,
- wie das Schülerhandeln in unterschiedliche Sozialbezüge eingebettet werden kann,
- welche Darstellungsalternativen (Methoden, Medien) vorhanden sind,
- ob unterschiedliche Erprobungs- und Anwendungssituationen zur Verfügung stehen.

»Neben all dem Wissen und Können, um das sich pädagogische Praxis und Erziehungswissenschaft seit Jahr und Tag kümmern, spielen Motive und Motivation keine geringe Rolle« (Schiefele 1993, S. 177). Diese Aussage ist eher als eine Untertreibung zu bezeichnen, denn die Rolle der Motivation im Unterricht kann kaum überschätzt werden. Für viele

---

* Mögliche Fragen und Impulse zum Text auf Seite 115: *Kenntnis* – Wie heißt Philipps Freund? *Verstehen* – Erzähle die Geschichte mit eigenen Worten (fasse zusammen)! *Anwenden* – Ohne Situationsbezug kaum möglich, einen Impuls zu formulieren. *Analyse* – Warum reicht es nicht aus, wenn der Hund in der Küche läuft? *Synthese* – Wie könnte Philipp das Problem in Zukunft lösen? *Bewertung* – Wie hättest Du Dich verhalten?

schulische Lernsituationen gilt: »When motivation is low, learning will be low« (Spitzer 1996, S. 45). Daher ist es erstaunlich, dass Fragen der Motivation in der Schule oft nur eine untergeordnete Rolle spielen. In der Praxis geht es dabei weniger um Motivationstechniken als vielmehr um die Schaffung eines produktiven Klassenklimas.

Lehrerinnen und Lehrer müssen den Unterricht immer unter zwei Aspekten betrachten: Sie müssen die Aufgabe in den Blick nehmen und den Zusammenhang, in dem sie steht. Die Grundthese dabei lautet: Jede Aktivität kann motivierend gestaltet werden, wenn sie in einen hinreichend motivierenden Kontext gestellt wird. Lehrerinnen und Lehrer sollen nicht nur über Lehrziele, Inhalte und deren didaktische Reduktion nachdenken, sondern auch den motivationalen Kontext ihres Unterrichts bewusst gestalten. Spitzer hat zehn Bereiche aufgezeigt, die die Lernatmosphäre betreffen. Obwohl diese Bereiche nicht immer trennscharf sind, geben sie doch einen guten Überblick und eröffnen reale Handlungsperspektiven (vgl. Spitzer 1996).

Checkliste 8
(S. 128)

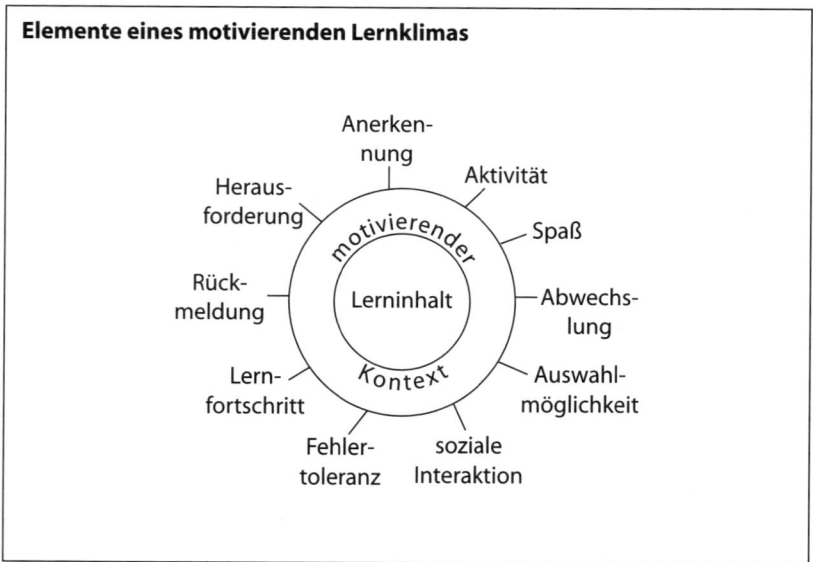

Elemente eines motivierenden Lernklimas

Handlungs-möglichkeit

- *Aktion.* Kinder sind an physischen und geistigen Aktivitäten interessiert. Ein motivierender Kontext muss möglichst viele konkrete Handlungsmöglichkeiten für die Kinder vorsehen.
- *Spaß.* Lernen soll Spaß machen. Das gilt nicht nur für die Grundschule, aber hier in besonderem Maße. Gemeint ist nicht, dass Sie mit dem Fernsehentertainment konkurrieren sollen. Aber: Ein entspannter Umgangston, Humor, die Einbeziehung von Spielelementen, Liedern oder gelegentlichen Überraschungen (fünf Minuten Rätselraten) lockern die Atmosphäre auf.

Atmosphäre

- *Abwechslung.* Darstellungsformen, Handlungsformen, Sozialformen, die verwendeten Medien, aber auch der Ablauf des Unterrichts insgesamt dürfen nicht eintönig sein. Suchen Sie nach Abwechslung und Variationsmöglichkeiten. Dies bildet ein motivierendes Lernumfeld.

  Variation

- *Auswahlmöglichkeit.* »Wo immer es die Umstände erlauben, ist selbstbestimmtes Lernen und Handeln zu ermöglichen.« Dieser von Schiefele (1993, S. 184) formulierte Anspruch wird spontan Ihre Zustimmung finden. Aus der konkreten Arbeit wissen Sie aber auch, dass selbstbestimmtes Lernen an vielen Punkten durch Richtlinien, Schulbücher, Unterrichtsorganisation usw. eingeschränkt ist. Daher ist es umso wichtiger, nach Aspekten und Elementen zu suchen, in denen sich Selbstbestimmung zumindest im Ansatz realisieren lässt. Schaffen Sie Wahlmöglichkeiten, wo immer es möglich und vertretbar ist. Ermöglichen Sie die Auswahl von Inhalten, Methoden, Hilfsmitteln. »Kein Kind kann lernen, eigene Motive zu entwickeln, wenn es stets vorgeschrieben bekommt, was zu geschehen hat« (Schiefele 1993, S. 185). Spitzer (1996, S. 47) schreibt: »To increase learner motivation, provide as many choices as possible (such as choice of content, choice of learning methods, choice of instructional materials, etc.).«

  Selbstbestimmtes Lernen

- *Soziale Interaktion.* Unterricht muss Raum für soziale Interaktionen geben. Viele Kinder sind motiviert, wenn sie mit einem Partner oder in kleinen Gruppen an einer Aufgabe arbeiten können. Wann immer eine Aufgabenstellung die Zusammenarbeit von Kindern/Jugendlichen ermöglicht, sollten Sie dies im Unterricht nutzen.

  Zusammenarbeit

- *Fehlertoleranz.* Lernen enthält in der Regel Probehandlungen, die im Sinne des angestrebten Ergebnisses noch mit Fehlern verbunden sind. Daher kommt es darauf an, eine Atmosphäre zu schaffen, in der Fehler als Teil des Lernprozesses verstanden werden. Kinder benötigen ausreichend Zeit, um einen Prozess zu vollziehen, um einen Fehler zu erkennen und um ihn selbst zu korrigieren. In Lernsituationen dürfen Fehler in keiner Form sanktioniert werden (unfaire Kritik, Auslachen, hämische oder zynische Bemerkungen etc.). Wer die Sorge hat, sich zu blamieren, wird kaum für eine Lernaktion zu motivieren sein.

  Fehler akzeptieren

- *Lernfortschritt.* Das Erleben eines Leistungsfortschritts ist, das werden Sie an sich selbst vielfach erlebt haben, ein starkes motivationales Element. Leistungsmessung kann motivierend sein, wenn sie die individuellen Lernfortschritte betont. Dabei sollten nach Möglichkeit Formen der Selbstkontrolle eingesetzt werden. Die zielgerichtete Sammlung von ausgewählten Schülerarbeiten, die von den Kindern mitgestaltet wird und für die Kinder zugänglich in Sammelmappen (Portfolios) aufbewahrt werden, ist ein Beitrag dazu, den eigenen Fortschritt für die Kinder erlebbar zu machen (vgl. Lissmann 2001, S. 486–497).

  Selbstkontrolle

**Rückmeldung
ohne
Verzögerung**

● *Rückmeldung.* Lernprozesse sollten durch permanente Rückmeldungen gestützt werden. Für den Aufbau einer positiven Motivation kommt es vor allem darauf an, den Kindern häufig und zeitnah positive Rückmeldungen zu geben. Lehrerinnen und Lehrer tun oft genug das Gegenteil. Sie geben dem einzelnen Kind selten Rückmeldungen, die zudem oft zeitlich verzögert sind und die die Fehler in den Blick nehmen. Denken Sie beispielsweise an die Rückmeldung im Bereich des Rechtschreibens: Es gibt nur wenige Diktate. Sie werden in der Regel frühestens ein bis zwei Tage nach dem Schreiben zurückgegeben. Die Durchsicht der Lehrkraft konzentriert sich darauf, den Kindern Fehler zurückzumelden – insgesamt ein wenig motivierendes Verfahren.

Anspruchsniveau

● *Herausforderung.* Aufgabenstellungen sollen für das Kind immer eine gewisse Herausforderung darstellen. Die Forschung zur Leistungsmotivation hat schon vor Jahrzehnten darauf hingewiesen, dass zu schwierige ebenso wie zu leichte Aufgaben wenig motivierend sind. Aufgaben mit einer mittleren Erfolgswahrscheinlichkeit (»Ziele, bei denen sowohl Erfolg als auch Misserfolg möglich sind«) haben den größten Aufforderungscharakter (vgl. Rheinberg 2000, S. 71f.).

**Anerkennung
während des
Lernprozesses**

● *Anerkennung.* Wer etwas leistet, möchte, dass es bemerkt und anerkannt wird. Die Kategorie Anerkennung fasst einen Teil der übrigen Kategorien zusammen. Dabei kommt es darauf an, den laufenden Prozess anerkennend zu begleiten. Dies muss nicht immer die Anerkennung der Lehrerin/des Lehrers sein. »Anerkennung« kann im sozialen Kontext durch die Mitschüler, durch die Eltern oder auch durch das Lernmaterial erfolgen. In Anlehnung an Spitzer lassen sich allgemeine Fragen für eine Checkliste formulieren (s. S. 128; vgl. hierzu Spitzer 1996, S. 48).

7.3.6 Störungen bewältigen

> **»Die Beziehungsebene ist in der Didaktik bisher wie ein Stiefkind behandelt worden.«**
> (Miller 1999, S. 7)

Schule ist nicht mehr ausschließlich ein Ort der Wissensvermittlung: Vielleicht war sie es nie, obwohl sie von den Beteiligten oft vorrangig in dieser Funktion wahrgenommen worden ist. Schule definiert sich heute zunehmend im umfassenden Sinn als »Haus des Lernens«. Die Assoziation, die dieses Schlagwort auslösen soll, ist aber nur dann gerechtfertigt, wenn sich Lernen auf mehr als auf Fachinhalte und Stoffwissen bezieht. Lernen in der Institution Schule (»in veranstalteten Lernprozessen«; s.o.) schließt immer auch den erziehlichen Teil des Unterrichtens ein. Dabei ist erkennbar, dass gegenwärtig ein verstärkter Erwartungsdruck bezüglich des erzieherischen Aspektes in die Schule hineingetragen wird. Dies hat vor allem mit den veränderten Lebensbedingungen zu tun, die in der Pädagogik oftmals auf den Aspekt der »veränderten Kindheit« fokussiert werden. Rolff und Zimmermann (2001, S. 148ff.) haben den Wandel der Kindheit (und Jugend) in drei zentralen Tendenzen beschrieben:

- Reduktion von Eigentätigkeit,
- Mediatisierung der Erfahrung,
- Expertisierung der Erziehung.

Die Autoren haben ihre Auffassung mit vielen Argumenten und Beispielen untermauert und belegt. Weitere Gesichtspunkte wie die Veränderungen in der familialen Situation, die verminderten Geburtenzahlen oder Veränderungen im Bereich der Berufstätigkeit von Müttern und Vätern kommen hinzu. Es ist klar, dass es auch in der Schule wirksam wird, wenn sich das Kommunikationsverhalten in der Familie verändert, wenn Kinder neue Frustrationen und anders geartete Verzichtserlebnisse verarbeiten müssen. Aus all dem folgt, dass es den Lehrerinnen und Lehrern in zunehmendem Maße zufällt, die Initiierung oder Steuerung von Erziehungs- und Sozialisationsprozessen zu übernehmen, die zuvor außerhalb der Schule, in der Familie oder in Peergroups erfolgten. Für Lehrerinnen und Lehrer bedeutet dies, dass ihnen in steigendem Ausmaß Sozialkompetenzen abgefordert werden, ohne dass die notwendige Sachkompetenz vernachlässigt werden dürfte: Das Berufsbild wird komplexer.

Im Unterricht treffen unterschiedliche Individuen mit unterschiedlichen Zielsetzungen zusammen, kommunizieren miteinander und beeinflussen sich wechselseitig. Unterrichten bedeutet daher neben der Inhalts- und der Vermittlungsarbeit immer auch Beziehungsarbeit. Deren vorrangiges Ziel liegt im Aufbau und im Erhalt der Kommunikation. Miller führt aus, dass »erst auf dem Boden stabiler Beziehungen und ›klaren Verhältnissen‹ [...] wirksames Lehren und erfolgreiches Lernen möglich« sind (Miller 1999, S. 35).

Unterrichten als Beziehungsarbeit

Die Beziehungsarbeit von Lehrerinnen und Lehrern gliedert Miller in seiner »Beziehungsdidaktik« in eine Reihe von Handlungsaspekten auf. Danach sollen Lehrerinnen und Lehrer

- »wahrnehmen, beobachten und das Beobachtete klar äußern,
- deutlich Rückmeldungen geben: Eindrücke, Wirkungen, Gefühle,
- Verhaltensweisen beschreiben, statt bewerten, Schuldzuweisungen vermeiden,
- zwischen Einzelnen vermitteln und Vorschläge anbieten,
- verschiedene Methoden/Settings zur Verfügung haben und einsetzen,
- Grenzen setzen, Rahmenbedingungen verdeutlichen« (Miller 1999, S. 83).

Der folgende Abschnitt beschränkt sich auf einige Hinweise zu den Bereichen »Störungen« und »Konflikte«.

Störungen

Unterricht fordert von den Lernenden im Verhältnis zur Lerngruppe, zum Lerninhalt und zur Lehrperson ein »situationsangemessenes« Verhalten. So kann ein »Arbeitsgeräusch«, das in bestimmten Situationen tolerierbar ist, in einer anderen Situation als störend empfunden werden. Unruhe, Störungen und Konflikte treten aus verschiedenen Gründen auf. Gelegentlich werden sie auch durch den Unterricht selbst ausgelöst. Solche unterrichtsbedingten Störungen können durch unterschiedliche Faktoren ausgelöst werden. Sie sind häufig dann beobachtbar, wenn einer der folgenden Punkte zutrifft oder mehrere gleichzeitig wirksam werden:

Störungs-ursachen

- *Mangelnde Motivation.* Die Kinder sind nicht ausreichend für den Lerninhalt motiviert. Sie wissen nicht, warum sie etwas tun sollen, oder es gibt konkurrierende Motive, die stärker sind.
- *Mangelnde Struktur.* Die Kinder sind motiviert, aber sie wissen nicht genau, was sie tun sollen oder wie sie es tun sollen. Der Arbeitsauftrag ist ihnen unklar. Die Situation enthält zu wenig Struktur.
- *Mangelnde Kompetenz.* Die Kinder sind vom Inhalt überfordert. Sie sind »eigentlich« motiviert und wissen »eigentlich« auch, was sie tun sollen, sind aber dazu nicht in der Lage. Es fehlt ihnen die Kompetenz.

Unterrichtsbedingte Störungen	
Vermuteter Auslöser	**Mögliche Maßnahmen**
Mangelnde Motivation	Motivation erhöhen • Sinn der Arbeit verdeutlichen, intrinsischen Anreiz verstärken • Arbeit kurzfristig unterbrechen, auf Bedürfnisse eingehen • Zeitbegrenzung ankündigen, extrinsischen Anreiz geben
Mangelnde Struktur	Strukturierung verbessern • Arbeitsauftrag noch einmal erklären • Arbeitsweg noch einmal vorführen • Arbeitsauftrag in mehrere Schritte aufteilen • Schrittfolge an die Tafel schreiben
Mangelnde Kompetenz	Aufgabenniveau beschränken • Aufgabe vereinfachen • zusätzliche Hilfen einführen • Handlung abbrechen

Dieses Grobraster eignet sich auch für eine schnelle ad-hoc-Analyse im Unterricht. Es ergeben sich erste Hinweise darauf, wie die Störung behoben oder abgefangen werden kann. Insgesamt müssen Sie aber zumindest sicherstellen, dass die Störung nicht durch Sie mit ausgelöst wird.

Beispiele

- Wenn Sie den Kindern (mit geheimnisvoller Stimme) ein »spannendes Spiel« in Aussicht stellen, das sich dann als ein mittelprächtiges Arbeitsblatt entpuppt, dann müssen Sie sich nicht wundern, dass ein Teil der Kinder frustriert, ein anderer empört darauf reagiert. Bleiben Sie also bei der Weckung von Erwartungen realistisch.
- Wenn Sie sich selbst nicht an Regeln halten, dann ist zu erwarten, dass sich die Kinder auch nicht daran gebunden fühlen. Bei Praktikumsbesuchen erlebt man immer wieder, dass »Stillarbeit« angesagt wird, dann aber postwendend und mehrfach für nachträgliche Anweisungen durch die Praktikanten selbst unterbrochen wird.
- Wenn Sie Botschaften aussenden, die sich widersprechen, dann ist nachvollziehbar, dass sich die Kinder das heraussuchen, was ihnen willkommen ist: Stellen Sie sich eine Praktikantin vor, die – um den Kindern ein Stillezeichen zu geben – den Finger vor den Mund legt: Dann aber (mit vorgelegtem Finger) weiterspricht und einzelne Kinder ermahnt. (Das sieht nicht nur unprofessionell aus – es nützt auch wenig!)

Konflikte

In einer Situation, in der mehr als zwanzig Individuen aufeinander treffen, ist potentiell immer mit Konflikten zu rechnen. Es ist illusorisch, sich Unterricht als »konfliktfreie Zone« vorzustellen. Als Praktikantin oder Praktikant sind Sie in Konfliktfällen meist auf die Autorität Ihrer Mentorin/Ihres Mentors angewiesen. Dennoch ist es sinnvoll, sich gedanklich auf Konfliktlösungen einzustellen. Liegt ein Konflikt zwischen Kindern vor, dann empfehle ich Ihnen, den unten angedeuteten »pädagogischen Dreisprung« zur Grundlage Ihrer Handlung zu machen (vgl. Dubs 1995, S. 440). Erst, wenn Sie das »Ereignis« kennen und die Ursachen dafür abschätzen können, haben Sie auch eine Chance, helfend eingreifen zu können.

Konflikte zwischen Kindern

①	Was hat sich ereignet?	Um was geht es genau? Was ist vorgefallen? Welcher Sachverhalt ist strittig?
②	Welche Ursachen hat der Konflikt?	Welche Vorgeschichte hat der Konflikt? Aus welchen aktuellen Motiven handeln die Beteiligten?
③	Wie kann ich helfen?	Welche Möglichkeiten zur Beendigung des Konfliktes kann ich den Beteiligten vorschlagen?

Wenn Sie selbst in einen Konflikt mit der Klasse oder mit einzelnen Kindern verwickelt sind, empfiehlt es sich, die Regeln, die Gordon aufgestellt hat, zu beherzigen. Der folgende Text fasst die zu beachtenden Schritte zusammen (Gramer 1981, S. 100).

»Im Konfliktfall ist zunächst festzustellen: Wer hat das Problem? Doch derjenige, der sich durch das Verhalten des andern gestört, bedrängt fühlt. In diesem Fall soll der Problembesitzer keine Du-Botschaften aussenden (›Laß das! Hör sofort auf!‹), er soll von sich reden, eine Ich-Botschaft senden. (›Ich fühle mich gestört, das halte ich schwer aus.‹) Die Ich-Botschaft soll in der Regel dreiphasig angelegt sein. Das störende Verhalten wird benannt, der Effekt und schließlich das daraus resultierende Gefühl beim Namen genannt: ›Wenn du ständig redest, kann ich mich nicht konzentrieren. Das ist für mich sehr ärgerlich.‹ Besitzt aber der andere das Problem, heißt meine Aufgabe ›aktives Zuhören‹. Ich soll den andern nicht trösten, gutgemeinte Ratschläge geben, ermahnen ... sondern ihn akzeptieren, aus seinen Äußerungen besonders die Gefühle, Wünsche, Ziele heraushören und spiegelnd zurückgeben.«

Checkliste 5: Klärung der Voraussetzungen

Rahmenbedingungen des Unterrichts

Schulart/Schulstufe Richtlinien/Rahmenpläne Erlasse Formen der Integration Stoffverteilungspläne/Arbeitspläne	Stundenplan Schulbücher Didaktische Materialien Kopiermöglichkeiten Räumliche Situation

Formale Aspekte der Lerngruppe

Klassenstufe Anzahl der Kinder	Geschlechterverteilung Herkunft

Alters- und Entwicklungsorientierung

Wie ist die Altersverteilung in der Lerngruppe? Wie schätze ich den Entwicklungsstand ein?	Gibt es Kinder, die mit den Inhalten/Verfahren Schwierigkeiten haben werden? Gibt es Kinder in Sondersituationen (Integrationsklasse)?

Inhaltlich-methodische Orientierung

Was ist inhaltlich vorausgegangen? Welche Vorkenntnisse sind vermutlich vorhanden? Welche Vorkenntnisse sind unverzichtbar?	Sind die Kinder mit den Arbeitsverfahren vertraut? Führe ich neue methodische oder organisatorische Verfahren ein?

Emotional-soziale Orientierung

Von welcher Motivationslage kann ich in dieser Lerngruppe ausgehen? Sind die Kinder mit den geplanten Sozialformen vertraut?	Worauf muss ich bei der Zusammenarbeit von Kindern achten? Gibt es Kinder, die ich besonders gruppieren muss?

Situative Orientierung

Wie ist der Unterricht im Stundenplan platziert?	Sind besondere Ereignisse vorsehbar (Geburtstage, Feiertage)?

Beziehungsaspekte

Welche nonverbalen Aspekte meines Verhaltens will ich beachten? Welche positiven verbalen Signale will ich berücksichtigen? Welche positiven Sachsignale sind im Unterricht enthalten?	Sind die Kinder gewohnt, Hilfe anzunehmen und Hilfe zu leisten? Wie stellen sich Ziel, Inhalt und Verfahren aus Sicht stärkerer und schwächerer Kinder dar?

Checkliste 6: Klärung von Zielen und Inhalten

Worin liegt das vorrangige Ziel des Unterrichts?

Sind Ziele alters- und entwicklungsangemessen?
Was sollen die Kinder lernen/erkennen/üben?
Sollen Sachziele, Handlungsziele oder Prozessziele im Mittelpunkt stehen?

Wie sind das Ziel/die Ziele zu legitimieren?

Kommt das Thema in Richtlinien/Rahmenplänen/Schulbüchern vor?
Ist das Thema standort- oder situationsgebunden?

Was ist der inhaltliche Kern, auf den der Unterricht abzielt?

Ist der Inhalt alters- und entwicklungsangemessen?
In welchem fachwissenschaftlichen Zusammenhang steht der Inhalt?
Wie ist der Inhalt strukturiert?
Wofür ist der Inhalt exemplarisch?

Welche Bedeutung hat der Inhalt für die Kinder?

Gibt es einen aktuellen Anlass?
Welche Bedeutung hat der Inhalt für die Kinder gegenwärtig und in naher Zukunft?

Welchen Wissensstand haben die Kinder über den Inhalt?

Was kann bei den Kindern plausibel vorausgesetzt werden?
Was ist für die Kinder vermutlich neu?
Wie werden die Kinder für das »Neue« motiviert?
Was wird für die Kinder vermutlich schwierig sein?

Welche Handlungsmöglichkeiten haben die Kinder im Umgang mit dem Inhalt?

An welchen Punkten können die Kinder aktiv werden?
Sind die Handlungsmöglichkeiten auf die Zieldimension abgestimmt?
Sind die Handlungsmöglichkeiten alters- und entwicklungsangemessen?

Worin erweist sich der Zugewinn?

Was sollen die Kinder am Ende können?
Ist Selbstkontrolle durch die Kinder möglich?
Ist Fremdkontrolle erforderlich?

Welche inhaltlichen Vorbereitungshilfen stehen mir zur Verfügung?

Fachbücher und Fachzeitschriften?
Lehrbücher und Kommentarbände?
Informationen im Internet? Kollegiale Hilfen?

Checkliste 7: Unterricht strukturieren
1 Habe ich Phasen oder Lernschritte bewusst eingeplant?
Einstiegsphase Erarbeitungsphase Sicherungsphase
2 Welche Sozialformen sollen im Unterricht vorkommen?
Plenumsarbeit (Frontalarbeit, Gesprächskreis, Gesprächshalbkreis) Gruppenarbeit Partnerarbeit Einzelarbeit
3 Welche Vermittlungshilfen habe ich vorgesehen?
Tafelbild, Folie etc. Welche konkreten Handlungen der Lernenden? Welche Arbeitsmittel? Welche Differenzierungsmöglichkeiten? Welche Möglichkeiten zur Eigeninitiative der Lernenden? Wie wird die Alters- und Entwicklungsstufe berücksichtigt?
4 Habe ich für die Erarbeitung Flächenfragen/Rahmenfragen vorgesehen?
Fragen nach Fakten Fragen nach Meinungen
5 Habe ich für die Erarbeitung höherwertige Fragen/Impulse vorgesehen?
Kenntnisse Verstehen Anwenden Analyse Synthese Bewertung
6 Habe ich »offene Unterrichtselemente« vorgesehen?
Welche?

Checkliste 8: Motivierende Lernatmosphäre

Motivationselement	Fragen	Ja/Nein
Handlungs-möglichkeiten	Haben die Kinder im Umgang mit dem Lern-gegenstand ausreichend Handlungsmög-lichkeiten?	
Spaß	Werden die Kinder voraussichtlich Freude an den Lernaktivitäten haben?	
Abwechslung	Sind unterschiedliche, abwechslungsreiche Medien, Sozialformen und Tätigkeiten vor-gesehen?	
Auswahl	Haben die Kinder Wahlmöglichkeiten hin-sichtlich der Inhalte, Methoden, Materialien, der Sozialformen, der Zeiteinteilung etc.?	
Soziale Interaktion	Gibt es ausreichende Möglichkeiten zur sozi-alen Interaktion zwischen den Kindern?	
Umgang mit Fehlern	Wie wird mit den Fehlern der Kinder umge-gangen? Ist es möglich sanktionsfrei Fehler zu machen, und wissen die Kinder das auch?	
Fortschrittskontrolle	Gibt es gut anwendbare, positive Kontroll-möglichkeiten? Sind einfache Selbstkontrol-len möglich? Können die Kinder ihren Lern-fortschritt erleben?	
Rückmeldung	Gibt es zeitnahe und ermutigende Rückmel-dungen?	
Herausforderung	Hat der Unterricht ein angemessenes An-spruchsniveau? Werden Unterforderung und Überforderung vermieden?	
Anerkennung	Gibt es ausreichend Möglichkeiten der Aner-kennung und Bestätigung?	

8 Unterrichtsvorbereitung

8.1 Unterrichtsvorbereitung konkretisieren

Die Vorbereitung von Unterricht stellt einen wesentlichen Teil der beruflichen Tätigkeit von Lehrerinnen und Lehrern dar. Sie findet in kurzen Unterrichtsskizzen, Planungsrastern oder ausführlichen schriftlichen Unterrichtsentwürfen ihren Niederschlag. Nachfolgend wird eine Ablaufroutine für die Unterrichtsvorbereitung entwickelt. Sie enthält zwölf Schritte (vgl. dazu Topsch 2004b).

Schritt 1: Kontext klären

Nehmen Sie eine Bedingungsanalyse vor. Beschreiben Sie die Voraussetzungen für Ihren Unterricht. Beziehen Sie bei der Beschreibung der Lerngruppe alters- und entwicklungsorientierte Aspekte mit ein. Stellen Sie die Zusammensetzung der Lerngruppe hinsichtlich der Geschlechter- oder Sozialverteilung dar. Beschreiben Sie das bisherige Lern- und Arbeitsverhalten. Geben Sie eine Einschätzung zum Leistungsniveau der Klasse ab. Umreißen Sie die zu erwartenden Probleme. Nehmen Sie in Ihren Vorüberlegungen auch auf einzelne Kinder Bezug, sofern Sie einen Zusammenhang zum Unterricht vermuten.

Checkliste 5 (S. 125)

Lern- und Arbeitsverhalten

Schritt 2: Thema begründen

In der Regel entscheiden sich Lehrerinnen und Lehrer bei der Planung zunächst für ein Thema. Die Themenwahl erfolgt meist in einem situativen Begründungszusammenhang: Das Thema passt in die Jahreszeit, es passt in die Beziehungsstruktur der Klasse etc. Dies geht natürlich nicht, ohne die didaktischen Rahmenbedingungen in den Blick zu nehmen: Was steht zu Ihrem Thema in den Richtlinien? Ist ein Schulbuch für dieses Fach in der Klasse eingeführt? Kommt das Thema im Schulbuch vor? Gibt es ein spezifisches Schulprofil oder einen »Standortplan« und in welcher Relation steht das Thema dazu? Da die Themenwahl oft für eine mittelfristige Perspektive erfolgt, ist auch zu erörtern, wie sich die Einzelstunde in die Unterrichtseinheit einfügt.

Rahmenbedingungen

Zwölf Schritte zur didaktischen Orientierung bei der Vorbereitung von Unterricht
(Topsch 2004b)

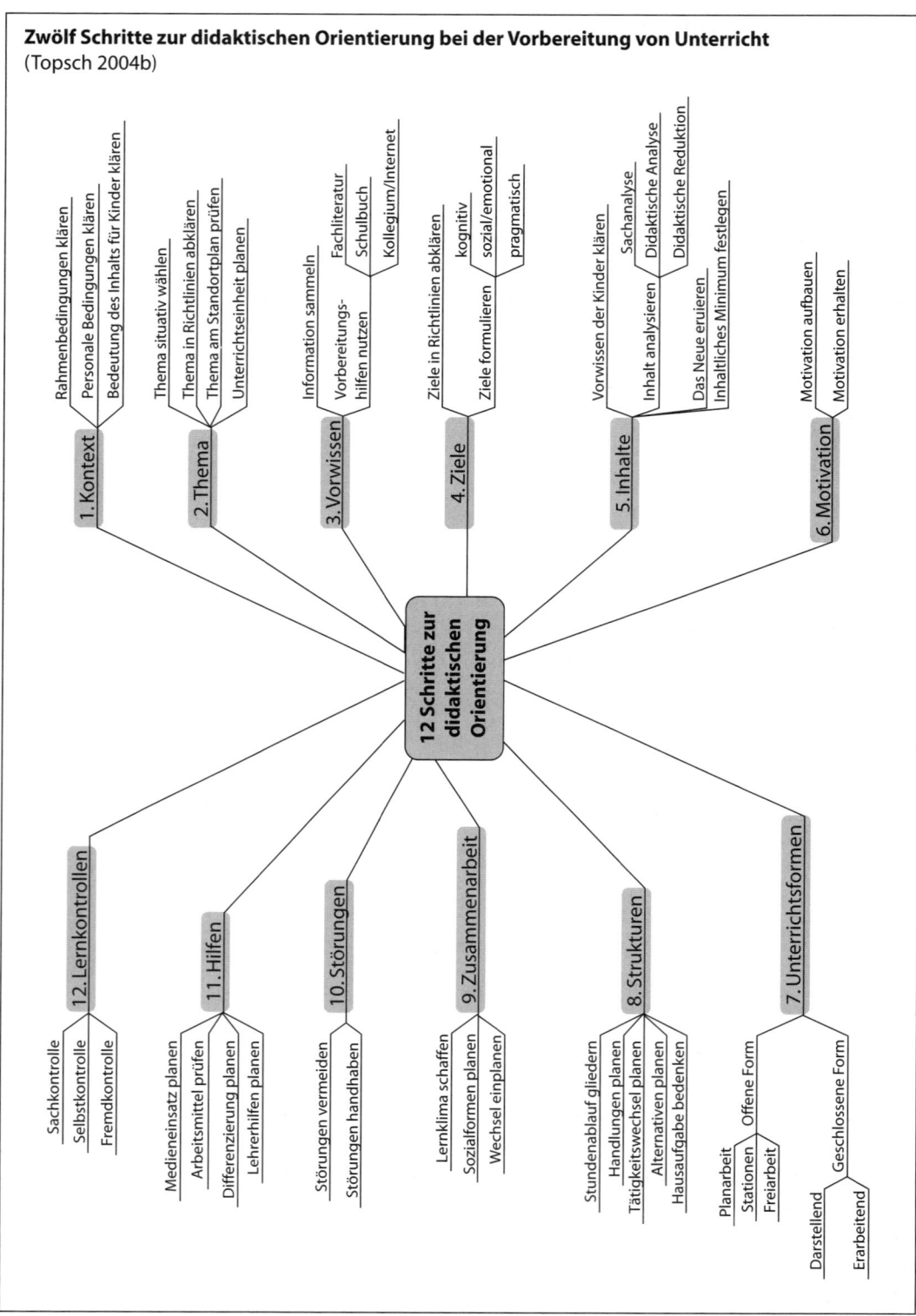

Schritt 3: Eigenes Vorwissen verbessern

Wenn Sie als Fachlehrerin oder Fachlehrer in einer bestimmten Unterrichtsstufe unterrichten, dann können Sie hoffentlich oft und erfolgreich auf das im Fachstudium erworbene Vorwissen zurückgreifen. Im Praktikum wird das aber wahrscheinlich nicht der Fall sein. Daher ist es zuallererst notwendig, dass Sie sich selbst ausreichend Wissen verschaffen oder es wieder aktivieren. Besonders dann, wenn Sie es mit Grundschulkindern zu tun haben, könnten Sie der falschen Annahme erliegen, dass Sie („weiß Gott!') über ausreichend Informationen verfügen. Berufen Sie sich lieber auf Sokrates, der wusste, dass er nichts wusste – und fangen Sie an, sich zu informieren! Sie werden sehr schnell bemerken, dass man gerade als Grundschullehrerin oder als Grundschullehrer wirklich eine breite Wissensbasis benötigt: Sie wollen Kindern das Bauprinzip von Brücken nahe bringen? Was wissen Sie selbst eigentlich darüber? Was wissen Sie über das morphologische, etymologische, ästhetische oder lexikalisch-semantische Prinzip der Rechtschreibung? (Vielleicht kennen Sie nicht einmal den Unterschied zwischen Wortfeld und Wortfamilie.) Was wissen Sie denn exakt darüber, wie Medien hergestellt und verbreitet werden – welche Naturmaterialien man zum Färben nutzen kann – welche Zusammenhänge zwischen Konsumverhalten und Umweltproblemen bestehen? Oder, oder, oder? Das alles sollen Sie aber unterrichten. Sie ahnen schon: Grundschulunterricht verlangt von Lehrerinnen und Lehrern mehr als Stammtischwissen, Partywissen oder Fernsehquizwissen. Anfangs werden Sie bei den meisten Themen, die Sie unterrichten wollen, zuerst einmal Ihre eigene Wissensbasis ausgiebig verbessern müssen. Das macht längerfristige Planung erforderlich.

Wissensbasis

Schritt 4: Ziele festlegen

Nehmen Sie eine Zielbestimmung vor: Sagen Sie ohne Schnörkel, was das Ziel der Stunde ist und welche Zieldimension im Vordergrund steht. Klären Sie zusätzlich, ob Ihre Richtlinien spezifische Zielvorgaben enthalten. (Das ist in den einzelnen Bundesländern unterschiedlich.)

Checkliste 6
(S. 126)

Schritt 5: Inhalt analysieren

Legen Sie innerhalb des Themas den Inhalt fest, der Ihnen zur Erreichung des Ziels am geeignetsten erscheint. Ziel und Inhalt stehen meist in einer engen Verbindung. Daher ist es auch möglich – und findet in der Praxis oft in dieser Reihenfolge statt – erst den Inhalt zu bestimmen und danach die Ziele zu konkretisieren.

Sachanalyse

Nehmen Sie eine Sachanalyse vor. Hier geht es darum, die Sache in ihrem fachwissenschaftlichen Zusammenhang zu erörtern und den Stellenwert des Unterrichtsinhaltes in diesem System zu bestimmen. Der Umfang dieses Abschnittes wird vom Sach- und Fachzusammenhang abhängen. Wenn Sie aber den Eindruck haben sollten, dass zu dem, was Sie vorbereiten, keine eigenständige Sachanalyse erforderlich ist, dann ist Ihr Fachwissen wahrscheinlich nicht besonders umfangreich. (Noch schlimmer: Wenn Sie den Eindruck haben, dass man dazu gar keine Sachanalyse anstellen »kann«, dann nehmen Sie dies als Alarmzeichen!)

Didaktische Reduktion

Versuchen Sie nachzuvollziehen, welches Vorwissen bei den Kindern dieser Schulstufe aufgrund des bisherigen Unterrichts erwartet werden kann. Entfalten Sie danach den Unterrichtsstoff unter didaktischen Gesichtspunkten. Welche Reduktion muss die fachliche Thematik durchlaufen, um ein Unterrichtsthema zu werden? Wie vertraut sind die Kinder mit dem Sachverhalt? Was ist das voraussichtlich »Neue« an diesem Thema? Gibt es unterschiedliche Perspektiven auf den Sachverhalt, unterschiedliche Verstehensschichten oder Interpretationsmöglichkeiten? Was sollen die Kinder nach Ihrem Unterricht besser können, besser verstehen als vorher, und wie kommt es zum Ausdruck?

Schritt 6: Motivation bedenken

Checkliste 8
(S. 128)

Beschreiben Sie die Motivationslage, von der Sie ausgehen. Was bedeutet der Inhalt für die Kinder? Ist zu erwarten, dass sie sich für den Inhalt interessieren? Wie kann eine Startmotivation erfolgen? Welche Motivationshilfen sind voraussichtlich erforderlich, z.B. Hinweise auf ein interessantes mit dem Inhalt verbundenes Verfahren. Wie kann diese Motivation aufrechterhalten werden?

Schritt 7: Unterrichtsformen planen

Checkliste 4
(S. 83)

Methoden-konzeption

Entscheiden Sie über die grundsätzlichen Methodenpositionen für die Stunde/Einheit, für die Sie eine Vorbereitung erarbeiten. Ob Sie den Inhalt eher »offen« oder »geschlossen« erarbeiten können/wollen, hängt von vielen Imponderabilien ab, z.B. davon, ob Sie die Zeit streng einhalten müssen, weil Fachunterricht folgt oder ob Sie die Zeit flexibel handhaben können. Aber auch die Materiallage, die Mediensituation oder die Frage, ob der Inhalt eher übend bearbeitet wird, ob es sich um eine Erstbegegnung handelt, können für die Planung Ihres methodischen Vorgehens eine ausschlaggebende Bedeutung haben.

Schritt 8: Ablauf strukturieren

Entfalten Sie die methodische Strukturierung. In welche Abschnitte (Phasen, Stufen) ist die Stunde gegliedert? Welche zeitliche Strukturierung ist vorgesehen? Wie soll die Einstiegsphase/Motivationsphase verlaufen? Welche Teilschritte für die Erarbeitung sind vorgesehen? Welche Aktivitäten sind den Lernenden möglich? In welchem Verhältnis stehen diese Aktivitäten zum Ziel/zu den Zielen des Unterrichts? Welche Eigeninitiative können die Lernenden im Umgang mit dem Inhalt entwickeln? Gehen Sie auf die Frage der Weiterarbeit, Vertiefung, Vervollständigung, Übung durch Hausaufgaben ein. Ist die Erteilung von Hausaufgaben sinnvoll? Welche Hausaufgaben sind vorgesehen? Welchem Zweck dienen sie? In welchem Verhältnis stehen sie zum Ziel des Unterrichts?

Checkliste 7
(S. 127)

Zeitplan

Schritt 9: Zusammenarbeit fördern

Unterricht verfolgt immer auch Beziehungsziele – auch dann, wenn die kognitiven oder pragmatischen Ziele eindeutig im Vordergrund stehen. So wie man nicht nicht kommunizieren kann, kann man sich auch nicht nicht verhalten. Kooperation oder Wettstreit, Gemeinsamkeiten oder Konkurrenz, Freundschaft oder Abneigung entfalten sich an den konkreten Inhalten Ihres Unterrichts. Daher sollten Sie gründlich über die Beziehungen im Unterricht nachdenken. In den meisten Fällen können Sie davon ausgehen, dass Kinder lieber zusammen als allein arbeiten. Planen und begründen Sie die Sozialform, aber beschränken Sie sich nicht nur darauf. Überlegen Sie auch: Wie wird das Material aufgeteilt? Gibt es Platzprobleme am Tisch bei der Arbeit? Wie können Missverständnisse zwischen den Kindern vermieden werden. Welche Regeln sollen gelten? Denken Sie darüber nach, wie Sie durch Ihr Verhalten ganz allgemein, aber auch bezüglich des Inhalts zur Verbesserung des Lernklimas beitragen können.

Sozialformen

Schritt 10: Störungen begegnen

Kleine Missverständnisse, Störungen von innen oder außen ereignen sich in einer Klassensituation fortlaufend. Das ist »normal«, wenn zwanzig oder mehr Individuen aufeinander treffen. Denken Sie trotzdem vorher darüber nach, wie Sie reagieren wollen. An welchen Stellen Ihrer Planung müssen Sie von der Unterrichtsstruktur her mit Turbulenzen rechnen? Sollen sie vermieden oder akzeptiert werden? Manche Störungen können durch gute Vorbereitung vermindert werden. Legen Sie ggf. Regeln mit

Störungsprävention

den Kindern fest, die eingehalten werden müssen, wenn es kritisch wird. Versuchen Sie in jedem Fall, so auf eine Einzelstörung zu reagieren, dass die anderen Kinder nicht gestört werden. Überlegen Sie vorher, ob und in welcher Form Sie bestimmte Verhaltensweisen unterbinden wollen. Betrachten Sie das allmähliche Aufkommen von Störungen als einen Indikator dafür, dass sich Überdruss breit macht. Planen Sie ggf. Unterbrechungen ein und entscheiden Sie, ob ein Wechsel der Tätigkeit, der Sozialform oder im Bereich der Medien Abhilfe versprechen.

Schritt 11: Hilfen organisieren

Wenn Sie sich für einen Inhalt und eine Unterrichtsstruktur entschieden haben, dann fangen Sie in der Regel nicht bei Null an. Sicherlich gibt es Medien und Arbeitsmittel dazu. Überlegen Sie vorher, welche Hilfen Sie grundsätzlich benötigen, z.B. Pappkarten mit Verben (wenn es um die **Vermittlungs-** Tätigkeiten des Hausmeisters geht), eine ABC-Kette an der Klassenwand **hilfen** (wenn es um die Einführung des Wörterbuches geht), eine Auflistung der Wortarten, einen Zeitstrahl etc. Klären Sie für sich selbst, welche Differenzierungsmaßnahmen oder Lehrerhilfen Sie zusätzlich für einzelne Kinder bereithalten wollen.

Schritt 12: Lernkontrollen ermöglichen

Kontrollen haben allgemein eine negative Konnotation. Lernkontrollen sollten daher unspektakulär und sanktionsfrei verlaufen. Betrachten Sie sie als Sonderform der Lernhilfe. Ihr Ziel ist es, den Kindern frühzeitig Anerkennung dafür zu geben, dass sie auf dem richtigen Weg sind bzw. frühzeitig zu signalisieren, dass etwas falsch läuft. Planen Sie Lernkon- **Formen der** trollen aktiv ein. Sie können als Sachkontrolle (dadurch, dass etwas **Kontrolle** »nicht passt«), als Selbstkontrolle (mithilfe eines Lösungsbogens) oder als Fremdkontrolle (Partner-/Lehrerkontrolle) erfolgen. Zur Vermeidung von Störungen ist es notwendig, dass die Kinder wissen, welche Kontrollhilfen zur Verfügung stehen und wie sie benutzt werden können.

8.2 Schriftlicher Entwurf

Generell werden Sie im Schulpraktikum und in der Schule zwei Formen von Unterrichtsvorbereitungen finden: die Kurzform für den Alltag und die Langform für besondere Anlässe. Für beide gilt hinsichtlich der zu bedenkenden Inhalte das Gleiche: Unterricht muss immer gründlich vorbereitet werden. Es handelt sich schließlich immer um die Gestaltung eines realen Lehr-Lernprozesses – und die Kinder haben in jeder Stunde den gleichen Anspruch auf Ihre Lernunterstützung. Ob Sie einen mehrseitigen Unterrichtsentwurf in der Tasche haben oder eine einseitige Unterrichtsskizze, ist für die Kinder nicht von Bedeutung.

Für die Gestaltung von Unterrichtsentwürfen gibt es in der Praxisliteratur kein verbindliches Stundenraster, sondern eine Vielzahl von Vorschlägen. Diese weichen meist nur wenig voneinander ab. Sie orientieren sich mehr oder weniger bewusst an den Vorgaben der »lern-/lehrtheoretischen Didaktik« (Berliner Modell). Das gilt auch für den Rastervorschlag dieses Bandes. Letztlich werden Sie aber die Traditionen Ihres »Standortes« berücksichtigen und Kurz- und Langform von Stundenentwürfen in der vor Ort gängigen oder vorgeschriebenen Form abfassen müssen. In diesen Band sind insgesamt zehn Checklisten und mehrere Tabellen mit Beispielen integriert, die sich mit konkreten Aspekten der Unterrichtsplanung und damit auch mit der schriftlichen Unterrichtsvorbereitung befassen. Diese sollten Sie zur Strukturierung und inhaltlichen Ausführung Ihres Unterrichtsentwurfes heranziehen: Sie enthalten eine Vielzahl von Fragen, die Sie aufgreifen, für Ihre Adressatengruppe modifizieren und im Blick auf Ihre Ziele/Inhalte in Ihren Entwurf integrieren können. Nicht jede Frage ist für jede Unterrichtssituation zweckmäßig.

Checklisten

Der Sinn der Checklisten liegt darin, Fragen zu stellen. Antworten müssen Sie dann jeweils selbst geben, und zwar unter den Bedingungen Ihrer konkreten Situation. Manche Fragen werden Sie nach kurzer Bedenkzeit als irrelevant (für Ihre Stunde) bewerten oder andere – obwohl sie im Prinzip zutreffend sind – für eine bestimmte Vorbereitung begründet ausschließen. Die Checklisten geben Ihnen also Hilfen, verlangen aber einen flexiblen Umgang.

Geben Sie Ihrem Stundenentwurf immer einen »Kopf«. Er soll alle Angaben enthalten, die Ihren Betreuern die Ablage und das Wiederauffinden erleichtern. In den »Kopf« gehören Datum, Name und Klassenstufe, Uhrzeit, aber auch Stundenthema, Stundenziel/e. Ordnen Sie Thema und Ziel/e in die mittelfristige Unterrichtsplanung (Unterrichtseinheit/Unterrichtsreihe) ein. Weitere Angaben können je nach Adressat (Mentor oder Hochschulbetreuer) sinnvoll sein.

Checkliste 9
(S. 137)

Legen Sie ein übersichtliches Schema für den Stundenverlauf an. Wenn an Ihrem Standort ein Schema mit bestimmten Spalten vorgesehen ist, halten Sie sich daran. Ansonsten empfehle ich ein Schema, das sich an der »Berliner Didaktik« orientiert – davon gibt es in der Literatur viele. Es sollte die geschätzte Zeit und die geplanten Phasen enthalten. In einer Spalte sollte Raum für Ihre eigenen Anmerkungen und für mögliche Handlungsalternativen sein. Nutzen Sie diese Vorlage für »Unter-

Planungsraster

richtsskizzen« und »Langfassungen« gleichermaßen. Falls Sie Arbeitsblätter oder andere Zusatzblätter vorgesehen haben, fügen Sie diese dem Entwurf als Anhang bei. Skizzieren Sie das Tafelbild (das sollten Sie für sich ohnehin immer machen) oder ergänzen Sie Ihren Entwurf durch Kopien der Folien, die Sie verwenden wollen.

Benutzen Sie die Checkliste 9, um Ihre Planung abschließend zu kontrollieren.

Raster für Stundenentwürfe

Klasse: 3a

Fach: Deutsch

Thema der Unterrichtseinheit: Umgang mit dem Wörterbuch

Stundenziele: Ordnen von Wörtern nach dem Wortanfang

Stundenthema: Besuch im Wörterzoo

Zeit/Phase	Lehrtätigkeit/Lerntätigkeit	Medien/Hilfen	Sozialformen	Didaktischer Kommentar/Alternativen
9.45–10.00 Einstieg	Bilden eines Stuhlkreises, Singen des ABC-Liedes	ABC-Lied	Stuhlkreis mit Plenumsarbeit	(Tafel ist zugeklappt)
	Kurze Erinnerung an die gestrige Arbeit mit dem Wörterbuch. Ein Kind wiederholt die bisher eingeführten Regeln.			1. Orientierung am ABC 2. Bei gleichem Anfangsbuchstaben auf den 2. Buchstaben achten.
	Jedes Kind nimmt eine Karte mit dem „eigenen" Anfangsbuchstaben (Vorname) von der Tafel Aufforderung: Stellt Euch nach dem ABC auf!	Karteikarten mit Tiernamen Tafel ggf. Hinweis auf ABC-Band in der Klasse	Orientierung und Kooperation in der Gruppe	Aufklappen der Tafel Aktivität: Aufbau einer geordneten Liste
10.00–10.15 Erarbeitung: 1. Stufe	Stuhlkreis auflösen: Jedes Kind sucht „sein" Tier im Wörterbuch	Wörterbücher Karteikarte mit Tiernamen	Einzelarbeit Partnerkontrolle	Umkehraktivität: Suchen in geordneter Liste
	…schreiben von 3 Tiernamen	Rückseite der Klapptafel		Zusatzaufgabe für Schnelle: Nach vorn kommen, Tiernamen lesen–merken–nach…

Checkliste 9: Zwanzig Fragen zum Unterrichtsentwurf	
1	Ist die Einbettung der Stunde in eine Unterrichtseinheit/-reihe erkennbar?
2	Habe ich die gesellschaftlichen Voraussetzungen des Unterrichts dargestellt?
3	Habe ich alters- und entwicklungsspezifische Aspekte der Lerngruppe aufgegriffen und individuelle Aspekte einzelner Kinder dargestellt?
4	Habe ich mich in einer Sachanalyse mit den erforderlichen Aspekten des Unterrichtsthemas auseinander gesetzt?
5	Sind die Unterrichtsziele klar und eindeutig formuliert?
6	Habe ich aktuelle Motivationshilfen für die Lernenden vorgesehen?
7	Habe ich die aktuelle Bedeutung des Inhalts für die Lerngruppe reflektiert?
8	Habe ich die Bedeutung des Inhalts unter einer Zukunftsperspektive erörtert?
9	Sind die einzelnen Phasen erkennbar?
10	Welche Darstellungs- und Veranschaulichungsmittel habe ich vorgesehen?
11	Welche Aktivitäten/Eigeninitiativen der Lernenden sind vorgesehen?
12	Entsprechen die Aktivitäten dem Alters- und Entwicklungsniveau?
13	Korrespondieren die Aktivitäten mit den Lernzielen?
14	Habe ich Differenzierungen und Handlungsalternativen vorgesehen?
15	Habe ich den Wechsel von Sozialformen vorgesehen?
16	Korrespondieren die Sozialformen mit dem Ziel und dem Inhalt des Unterrichts?
17	Stehen mir Motivations- oder Anschauungsalternativen zur Verfügung?
18	Habe ich ggf. eine Hausaufgabenstellung reflektiert?
19	Sind Arbeitsblätter, Folienausdrucke, Tafelskizze etc. beigefügt?
20	Ist der Text formal richtig und fehlerfrei?

9 Praktikum und Praktikumsbericht

9.1 Unterrichtsbesuch

Ihr Schulpraktikum wird in der Regel durch die Universität vorbereitet und betreut. Sie werden also vermutlich während Ihrer Praktikumszeit von einer/einem Lehrenden der Hochschule im Unterricht besucht. Für Ihre Betreuer sind diese Schulbesuche einerseits ein willkommener Kontakt zur Praxis, andererseits machen sie aber auch einen hohen Organisationsaufwand erforderlich. Ihre Hochschullehrer/innen sind oft von Semester zu Semester an unterschiedlichen Schulen tätig. Das bedeutet während der »Besuchszeit« wechselnde Schulen, wechselnde Anfahrtswege und das Bereithalten von vielen unterschiedlichen Namen (Schulleitung, Mentor/in, Praktikantinnen und Praktikanten). Damit alles klappt, ist es ratsam, einige formale Vorbereitungen zu treffen.

Beratungs-
besuche
Inhaltlich wird von Ihnen *keine* »Vorführstunde« erwartet. Sie sollten aber die Beratung als den Zweck des Besuches im Auge behalten. Bereiten Sie nicht nur Ihren Unterricht vor, sondern notieren Sie Fragen, die Sie an die Beraterin/den Berater haben. Das kann sich auf den Praktikumsbericht, auf inhaltliche Fragen zur Sache oder auf allgemeine Fragen zum Studienaufbau beziehen. Überlegen Sie vorher aber auch, ob sich der Besuchsaufwand lohnt, wenn Sie (z.B. in einer 3. Klasse) ein »Schleich- oder Schummeldiktat« durchführen, das Ihre Mentorin »noch auf der Festplatte« hatte. Diese Diktatform, bei der die Kinder zur Tafel »schleichen«, dort einen Satz (einen Satzteil oder auch nur ein Wort) von einem Vorlageblatt ablesen und wieder zum Platz »schleichen«, um das gemerkte Textstück aufzuschreiben, ist eine sehr sinnvolle Übung und macht den Kindern viel Spaß. Sie sitzen inzwischen lässig auf dem Pult und schauen wohlwollend in die Runde: Alle Kinder sind motiviert, alle sind aktiv, alle können – zumindest in Grenzen – selbstgesteuert arbeiten. Ihre Betreuerin/Ihr Betreuer sitzt hinten auf seinem Stühlchen, verhält sich ruhig. Eigentlich erinnert alles ein bisschen an einen gekauften Zaubertrick: Was von dem, was da gerade in der Klasse abläuft, ist eigentlich Ihre Leistung? Was ist von Ihnen als Lehrerin oder Lehrer zu sehen? Wählen Sie eine Stundengestaltung, in der Sie selbst aktiv sind: Erproben Sie sich als Lehrperson: Es ist keine Vorführstunde, sondern eine Beratungsstunde.

Stellen Sie sicher, dass Ihr/e Betreuer/in einige Tage vor dem vereinbarten Unterrichtsbesuch über folgende Informationen verfügt:

- Vereinbartes Datum, Beginn der Unterrichtsstunde
- Anschrift und Telefonnummer Ihrer Schule
- Ihre Telefonnummer und/oder Ihre E-Mail-Adresse
- Klassenstufe/Klassenraum, Thema Ihrer Stunde
- Name der Mentorin/des Mentors
- Name der Rektorin/des Rektors
- ggf. eine Wegbeschreibung von der Uni zu Ihrer Schule.

Information

Treffen Sie an der Schule folgende Vorkehrungen:

- Informieren Sie die Rektorin/den Rektor, wann Sie Besuch von der Betreuerin/dem Betreuer erhalten werden.
- Informieren Sie die Kinder über den Besuch. (Eine kurze, sachliche Ankündigung, dass jemand »zum Zugucken« kommt, reicht aus.)
- Klären Sie bitte ab, in welchem Raum nach der Stunde/den Stunden eine Besprechung durchgeführt werden kann.
- Geben Sie Ihrem Betreuer die Stundenvorbereitung in der vereinbarten Form. (Fügen Sie Arbeitsblätter oder andere Unterlagen bei.)
- Wenn Sie hospitierend an der Stunde eines anderen Studierenden teilnehmen, dann machen Sie sich möglichst genaue Notizen, damit Sie sich an der Besprechung konstruktiv beteiligen können.

Organisation

Für Notfälle:

- Stellen Sie sicher, dass Sie eine Möglichkeit haben, Ihre Betreuerin/Ihren Betreuer auch kurzfristig über Änderungen zu informieren.
- Stellen Sie sicher, dass Ihre Betreuerin/Ihr Betreuer eine Möglichkeit hat, Sie und/oder die Schule kurzfristig über Änderungen zu informieren.
- Falls sich Ihre Betreuerin/Ihr Betreuer verspätet, warten Sie nicht, sondern fangen Sie mit dem Unterricht an.

9.2 Praktikumsbericht

In den meisten Praktikumsordnungen ist die Erstellung eines Praktikumsberichtes oder einer Praktikumsakte vorgeschrieben. Der nachstehende Text versteht sich als ein Vorschlag, aus dem Sie einzelne Bausteine nach eigenen Interessen oder nach Absprache mit Ihrer Betreuerin/Ihrem Betreuer auswählen können.

Checkliste 10
(S. 143)

Baustein 1: Erkundungen

Tragen Sie für Ihren Praktikumsbericht Fakten über die Schule und insbesondere über Ihre Klasse zusammen. Erkunden Sie Stoffverteilungspläne und erstellen Sie einen Überblick über die spezifischen Arbeitsbedingungen an Ihrer Schule/in Ihrer Klasse, z.B.:

Materialien und Fakten

- Schulorganisation (z.B. Verlässliche Grundschule)
- Einzugsbereich der Schule (freie Beschreibung)
- Schulgröße (Zahl der Klassen, Parallelklassen)
- Pausenhof (z.B. Pausenhofgestaltung)
- Größe und Zusammensetzung des Kollegiums
- Besonderheiten (z.B. spezielles Schulprofil)
- Zahl der Kinder und Zusammensetzung Ihrer Klasse
- Einzelne Kinder (z.B. Klassenwiederholer, Klassenüberspringer, Kinder, deren Muttersprache nicht Deutsch ist)
- Besonderheiten der Raumgestaltung (z.B. Lese- und Funktionsecken)
- Medienausstattung (z.B. OH-Projektor, Computer, Klassenbibliothek) usw.

Baustein 2: Hospitationen

Während des Praktikums werden Sie an vielen Unterrichtsstunden bei Ihrer Mentorin/Ihrem Mentor und möglichst auch bei Kolleginnen und Kollegen in unterschiedlichen Klassen und Fächern hospitierend teilnehmen. Halten Sie Ihre Hospitationseindrücke fest und arbeiten Sie Hospitationsprotokolle aus: Stellen Sie dar, was Sie in der Hospitation beobachtet haben, erörtern Sie anschließend einzelne Punkte mit der Mentorin/dem Mentor und nehmen Sie Teile (oder alles) in Ihren Praktikumsbericht auf, z.B.:

Hospitations-protokolle

- explizite oder vermutete Zielvorstellungen von Hospitationsstunden
- Gliederung und Ablauf des Unterrichts
- Erkennbare Bausteine offenen Unterrichts (z.B. Morgenkreis, Tages-/Wochenplanarbeit, Lernstationen)
- Formen der Lernsteuerung
- Aktivität der Lernenden usw.

Baustein 3: Beobachtungen

Beobachtungen sind gewissermaßen die zielgerichtete Fortführung der Hospitation. Suchen Sie für die Zeit Ihres Praktikums einen oder mehrere Unterrichtsaspekte aus, die Sie planmäßig beobachten. Halten Sie Ihre Beobachtungen fest, und werten Sie diese im Praktikumsbericht aus, z.B.:

- Beteiligung am Unterricht (z.B. Meldeverhalten von Mädchen und Jungen)
- Art, Dauer und Umfang von Unterrichtsstörungen
- Disziplinprobleme und ihr Zustandekommen
- Art und Umfang von Hausaufgaben
- Kooperation der Kinder untereinander (z.B. im Unterricht oder in den Pausen)
- Einsatz unterschiedlicher Sozialformen (in Verbindung mit unterschiedlichen Unterrichtssituationen oder -inhalten)
- Einführung und/oder Verwendung von Regeln im Unterricht
- Medien-/Tafelnutzung (z.B. in Einführungs- oder Übungssituationen) usw.

> **»Leider neigt mein Computer dazu, immer häufiger abzustürzen. Das war auch bei meinem Praktikumsbericht so ...«**
>
> **»Ich hoffe, dass Sie den Bericht noch bis zur Nachbesprechung durcharbeiten können ...«**

Baustein 4: Unterrichtsversuche

Stellen Sie Ihre eigenen Unterrichtsversuche anhand Ihrer Kurzentwürfe dar. Fügen Sie möglichst jeweils einige nachträgliche Reflexionen hinzu: Was ist so verlaufen, wie Sie es geplant hatten. Was wäre verbesserungsfähig? Was würden Sie im Wiederholungsfall anders entscheiden? Warum? Gestalten Sie Ihren Praktikumsbericht (die Praktikumsakte/das Praktikumstagebuch) aus: Fotos, Skizzen, Liedtexte, Entwürfe und Ergebnisse von Schülerarbeiten, Skizzen des Tafelbildes etc. sind nicht nur Schmuck. Sie helfen Ihnen auch, Ihre Arbeit zu reflektieren.

Unterrichtsskizzen

Baustein 5: Stundenentwürfe

Arbeiten Sie entsprechend der Vereinbarung im Seminar oder entsprechend der Praktikumsordnung einen oder mehrere Unterrichtsversuche ausführlich aus. Benutzen Sie die Checklisten als Anregung und zur Kontrolle.

Unterrichtsentwürfe

Baustein 6: Thematische Vertiefung

Prüfen Sie, ob Ihre Praktikumsordnung die Vertiefung eines selbst gewählten Themas vorsieht. Arbeiten Sie ggf. eine schulpädagogische oder fachdidaktische Perspektive, z.B. einen Beobachtungsschwerpunkt, unter Einbeziehung von Fachliteratur nachträglich aus. Im Umgang mit direk-

Vertiefungsthemen

ten und indirekten Zitaten und bei der Literaturerfassung sind dabei die Formen wissenschaftlichen Arbeitens zu beachten (vgl. Topsch 2000). Solche Vertiefungsschwerpunkte können z.B. sein:

● Leistungsmessung/Leistungsbewertung
● Differenzierung/Individualisierung
● Medieneinsatz
● Konflikte/Störungen im Unterricht
● außercurriculare Aktivitäten (Klassenfahrt, Elternabend)
● Zusammenhang von Unterricht und Erziehung.

Baustein 7: Ergänzungen

»**Das Praktikum hat mich in meiner Berufswahl total bestätigt ...**«

Versuchen Sie, sich selbst einzuschätzen: Mit welchen Ängsten, Sorgen, Erwartungen sind Sie in das Praktikum eingetreten, mit welchen Einsichten, Ansichten, Absichten verlassen Sie das Praktikum? Welche Veränderungen oder Bestätigungen Ihres Berufsbildes hat das Schulpraktikum (vielleicht) bei Ihnen bewirkt? Welche Veränderungen oder Bestätigungen Ihres Studienverhaltens ergeben sich (vielleicht) daraus?

Baustein 8: Was ist sonst noch zu beachten?

»**Obwohl mir das Praktikum gefallen hat, konnte ich am Ende doch ›gut gehen‹ ...**«

Sie unterliegen im Praktikum der Verschwiegenheit. Fassen Sie Ihren Praktikumsbericht so ab, dass Ansprüche des Datenschutzes und der Verschwiegenheit gewahrt bleiben. Achten Sie auf faire und angemessene Formulierungen. Ihr Praktikumsbericht wird sehr wahrscheinlich auch an Ihrer Praktikumsschule gelesen: Verletzen oder kränken Sie niemanden! Das bedeutet nicht, dass Sie keine eigene Meinung haben dürfen. Ihre Wertungen sollten aber nicht nur plausibel sein, sondern auch auf einer realistischen und distanzierten Selbsteinschätzung basieren. Vergessen Sie nicht, Sie sind an die Schule gekommen, um etwas dazu zu lernen (auch an »schlechten« Schulen kann man etwas Gutes lernen), nicht um die Schule zu bewerten.

Checkliste 10: Praktikumsbericht	
1	Welchen Abgabetermin muss ich einhalten?
2	Habe ich Umfangs- und Gliederungserwartungen beachtet?
3	Ist mein Praktikumsbericht ausgewogen und plausibel aufgebaut?
4	Habe ich Ergänzungen wie Fotos, Schülerarbeiten, Sitzpläne etc. eingefügt?
5	Habe ich Gesichtspunkte der Verschwiegenheit beachtet?
6	Habe ich Wertungen vermieden?
7	Hat der Vertiefungsschwerpunkt ein angemessenes Niveau?
8	Habe ich ein Literaturverzeichnis erstellt?
9	Entsprechen die Zitierungen den üblichen Regeln?
10	Wie viele Exemplare des Berichtes muss ich (wo?) abgeben?

Literaturverzeichnis

Aebli, Hans: Zwölf Grundformen des Lehrens. Eine allgemeine Didaktik auf psychologischer Grundlage. Medien und Inhalte didaktischer Kommunikation, der Lernzyklus. Stuttgart: Klett-Cotta [11]2001.

Aschersleben, Karl: Didaktik. Stuttgart: Kohlhammer 1983.

Aschersleben, Karl: Frontalunterricht – klassisch und modern: eine Einführung. Neuwied/Kriftel/Berlin: Luchterhand 1999.

Becker, Antoinette: Ich sorge für ein Tier. Ravensburg: Otto Maier 1973, S. 30.

Allensbacher Berichte: Die Allensbacher Berufsprestige-Skala 2001. Institut für Demoskopie Allensbach: Allensbacher Archiv, IfD-Umfrage 7007, Mai/Juni 2001. <http://www.ifd-allensbach.de/pdf/prd_0116.pdf> [02.05.04].

Becker, Georg E.: Planung von Unterricht. Handlungsorientierte Didaktik, Teil I. Weinheim und Basel: Beltz [7]1997.

Beckmann, Hans-Karl/Biller Karlheinz (Hrg.): Unterrichtsvorbereitung. Probleme und Materialien. Aachen-Hahn: Hahner Verlagsgesellschaft 1993.

Benikowski, Bernd: Unterrichtsstörungen und Kommunikative Didaktik. Störungen aus der Sicht der Lerngruppe und die Grenzen didaktischer und psychotherapeutischer Modelle. Baltmannsweiler: Schneider Verlag Hohengehren 1995.

Bennack, Jürgen: Schulaufgabe: Unterricht – zeitgemäß unterrichten können. Weinheim, Basel: Beltz 2004.

Bildungskommission NRW: Zukunft der Bildung – Schule der Zukunft. Denkschrift der Kommission »Zukunft der Bildung – Schule der Zukunft« beim Ministerpräsidenten des Landes Nordrhein-Westfalen. Neuwied/Kriftel/Berlin: Luchterhand 1995.

Blankertz, Herwig: Theorien und Modelle der Didaktik. Weinheim/München: Juventa [14]2000.

Bloom, Benjamin S. (Hrsg.).:Taxonomie von Lernzielen im kognitiven Bereich. Übersetzung von Eugen Füner. Weinheim und Basel: Beltz [5]1976.

Bönsch, Manfred: Didaktisches Minimum. Prüfungsanforderungen für LehramtsstudentInnen. Neuwied/Kriftel/Berlin: Luchterhand 1996.

Bönsch, Manfred: Unterrichtsmethoden – kreativ und vielfältig. Unter Mitarbeit von Astrid Kaiser. Baltmannsweiler: Schneider Verlag Hohengehren 2002.

Brophy, Jere E./Evertson, Carolyn M.: Lernen durch Unterricht. Aus dem Amerikanischen übersetzt von A. Künzel. Bochum: Kamp 1980.

Bundesministerium für Bildung und Forschung (BMBF) (Hrsg.): Grund- und Strukturdaten. Bonn 2002.

Comenius, Johann Amos: Große Didaktik. Übersetzt und herausgegeben von Andreas Flitner. Mit einem Nachwort 1992 zum Stand der Comeniusforschung von Klaus Schaller. Stuttgart: Klett-Cotta 1992.

Daschner, Peter/Drews, Ursula (Hrsg.): Kursbuch Referendariat. Weinheim und Basel: Beltz [4]2002.

Dauber, Heinrich: Radikale Schulkritik als Schultheorie? In: Tillmann, Klaus-Jürgen (Hrsg.): Schultheorien. Hamburg: Bermann + Helbig 1987, S. 104–115.

Dauber, Heinrich/Krause-Vilmar, Dietfrid (Hrsg.): Schulpraktikum vorbereiten. Pädagogische Perspektiven für die Praxis. Bad Heilbrunn: Klinkhardt 1998.

Deutscher Bildungsrat: Empfehlungen der Bildungskommission. Strukturplan für das Bildungswesen [1970}. 4. Aufl. Stuttgart: Klett 1972.

Dolch, Josef: Grundbegriffe der pädagogischen Fachsprache [1952]. Mit viersprachigem Register. München: Ehrenwirth [6]1965.

Dubs, Rolf: Lehrerverhalten. Ein Beitrag zur Interaktion von Lehrenden und Lernenden im Unterricht. Zürich: Verlag des Schweizerischen Kaufmännischen Verbandes 1995.

Einsiedler, Wolfgang: Lehrmethoden. Probleme und Ergebnisse der Lehrmethodenforschung. München u.a.: Urban & Schwarzenberg 1981.

Fend, Helmut: Theorie der Schule. München/Wien/Baltimore: Urban & Schwarzenberg [2]1981.

Flagmeyer, Doris/Dietze-Münnich, Uta/Strietzel, Antje: Schule als Studienfeld. Die ersten schulpraktischen Studien vorbereiten. Leipzig: Leipziger Universitätsverlag 2002.

Flitner, Wilhelm: Die vier Quellen des Volksschulgedankens. Stuttgart: Klett [6]1966.

Fooken, Insa: Eindrücke aus einer Entwicklungspsychologie der Lebensspanne. In: Behnken, Imbke/Jaumann, Olga (Hrsg.): Kindheit und Schule. Kinderleben im Blick von Grundschulpädagogik und Kindheitsforschung. Weinheim/München: Juventa 1995, S. 199–205.

Gaudig, Hugo: Die Schule im Dienst der werdenden Persönlichkeit. In: Geppert, Klaus/Preuß, Eckhardt (Hrsg.): Selbständiges Lernen. Zur Methode des Schülers im Unterricht. Bad Heilbrunn: Klinkhardt 1980, S. 17–35.

Glöckel, Hans (Hrsg.): Vorbereitung des Unterrichts. Bad Heilbrunn/: Klinkhardt [2]1992.

Glöckel, Hans: Klassen führen – Konflikte bewältigen. Bad Heilbrunn: Klinkhardt 2000.

Glöckel, Hans: Vom Unterricht. Lehrbuch der allgemeinen Didaktik. Bad Heilbrunn: Klinkhardt [2]1992.

Gordon, Thomas: Lehrer-Schüler-Konferenz. Wie man Konflikte in der Schule löst. München: Heyne [15]2001.

Gramer, Egon: Lehrerrolle – Schülerrolle. In: Handbuch Praxis des Vorbereitungsdienstes. Band 1. Erziehungswissenschaftliche Grundlegungen. Düsseldorf: Schwann 1981, S. 75–101.

Grell, Jochen/Grell, Monika: Unterrichtsrezepte. Weinheim und Basel: Beltz [3]2001.

Gudjons, Herbert: Pädagogisches Grundwissen. Überblick – Kompendium – Studienbuch. Bad Heilbrunn: Klinkhardt [8]2003.

Hartinger, Andreas/Fölling-Albers, Maria: Schüler motivieren und interessieren. Ergebnisse aus der Forschung. Anregungen für die Praxis. Bad Heilbrunn: Klinkhardt 2002.

Heilmann, Karl: Quellenbuch der Pädagogik. Quellvorschriften und Quellstücke für die Vor- und Fortbildung des Lehrers. 4. Aufl. Berlin: Union Deutsche Verlagsgesellschaft o.J. [1909].

Heimann, Paul/Otto, Gunther/Schulz, Wolfgang: Unterricht. Analyse und Planung [1965]. Hannover u.a.: Schroedel [5]1970.

Heimann, Paul: Didaktik als Theorie und Lehre [1962]. In: Kochan, Detlef C. (Hrsg.): Allgemeine Didaktik, Fachdidaktik, Fachwissenschaft. Ausgewählte Beiträge aus den Jahren 1953 bis 1969. Darmstadt: Wissenschaftliche Buchgesellschaft 1970, S. 110–142.

Heimann, Paul: Didaktische Grundbegriffe [1961] In: Reich, Kersten/Thomas, Helga (Hrsg.): Paul Heimann. Didaktik als Unterrichtswissenschaft. Stuttgart: Klett 1976, S. 103–141.

Henningsen, Jürgen: Reflexion vor Ort. In: Dohmen, Günther/Maurer, Friedemann (Hrsg.): Unterricht. Aufbau und Kritik. München: Piper [6]1976, S. 102–109.

Hentig, Hartmut v.: Menschenbildung und Lehrerbildung. In: Blömeke, S. (Hrsg.): Reform der Lehrerbildung. Zentren für Lehrerbildung: Bestandsaufnahmen, Konzepte, Beispiele. Bad Heilbrunn: Klinkhardt 1998, S. 23–39.

Herbart, Johann Friedrich: Allgemeine Pädagogik aus dem Zweck der Erziehung abgeleitet [1806]. Hrsg. von Hermann Hollstein. Bochum: Kamp o.J.

Herrmann, Ulrich: Der lange Abschied vom »geborenen Erzieher«. Lehrerpersönlichkeit, Lehrerbildung, Lehrerberuf und -berufsalltag. Erwartungen, Positionen und Thesen vom Ende der 40er bis zu den 70er Jahren. In: Herrmann, Ulrich: Wie lernen Lehrer ihren Beruf? Empirische Befunde und praktische Vorschläge. Weinheim und Basel: Beltz 2002, S. 19–35.

Heursen, Gerd: Allgemeine Didaktik. In: Haller, Hans-Dieter/Meyer, Hilbert (Hrsg.): Enzyklopädie Erziehungswissenschaft. Band 3. Ziele und Inhalte der Erziehung und des Unterrichts. Unter Mitarbeit von Thomas Hanisch. Stuttgart/Dresden: Klett 1995, S. 407–415.

Hinz, Renate: Identitäts-Bildung zwischen Utopie und Wirklichkeit. Versuch einer erfahrungswissenschaftlich orientierten Antwort für die Lehrtätigkeit an Grundschulen. Frankfurt u.a.: Peter Lang 2000.

Hinz, Renate: Was ist Didaktik? In: Kiper, Hanna/Meyer, Hilbert/Topsch, Wilhelm: Einführung in die Schulpädagogik. Mit zwei Beiträgen von Renate Hinz. Berlin: Cornelsen Verlag Scriptor 2002.

Holstein, Hermann/Büttner, Heinz: Die Erfassung von Unterricht durch Analyse. Ratingen, Kastellaun, Düsseldorf: Henn 1972.

Hugenschmidt, Bettina/Technau, Anne: Methoden schnell zur Hand. 58 schüler- und handlungsorientierte Unterrichtsmethoden. Stuttgart/Düsseldorf/Leipzig: Klett 2002.

Jank, Werner/Meyer, Hilbert: Didaktische Modelle. Berlin: Conelsen Scriptor [6]2003.

Kaiser, Arnim/Kaiser, Ruth: Studienbuch der Pädagogik. Grund- und Prüfungswissen. Berlin: Cornelsen Scriptor [10]2001.

Kaiser, Constanze: Körpersprache der Schüler. Lautlose Mitteilungen erkennen, bewerten, reagieren. Neuwied/Kriftel/Berlin: Luchterhand 1998.

Keßler, Edeltraut/Krätzschmar, Christine: Schulpädagogisches Repetitorium. Systematische Darstellung von Grundbegriffen und Basistheorien. Neuwied/Kriftel/Berlin: Luchterhand 1993.

Kiper, Hanna: Einführung in die Schulpädagogik. Weinheim und Basel: Beltz 2001a.

Kiper, Hanna: Pro-Contra-Gespräch »Gibt es den geborenen Erzieher?« zwischen Dieter Neumann (pro) und Hanna Kiper (contra). In: Grundschule 33, (2001b), H. 7-8, S. 72–74.

Kiper, Hanna: Schulpädagogik studieren. In: Kiper, Hanna/Meyer, Hilbert/Topsch, Wilhelm: Einführung in die Schulpädagogik. Mit zwei Beiträgen von Renate Hinz. Berlin: Cornelsen Scriptor 2002, S. 15–24.

Kiper, Hanna/Meyer, Hilbert/Topsch, Wilhelm: Einführung in die Schulpädagogik. Mit zwei Beiträgen von Renate Hinz. Berlin: Cornelsen Scriptor 2002.

Klafki, Wolfgang: Die didaktische Analyse als Kern der Unterrichtsvorbereitung [1958]. In: Roth, Heinrich/Blumenthal, Alfred (Hrsg.): Didaktische Analyse. Auswahl. Grundlegende Aufsätze aus der Zeitschrift Die Deutsche Schule. Hannover: Schroedel [8]1964, S. 5–34.

Klafki, Wolfgang: Didaktik. In: Neues Pädagogisches Lexikon 1971, Sp. 225.

Klafki, Wolfgang: Didaktische Analyse als Kern der Unterrichtsvorbereitung [1958]. In: Klafki, Wolfgang: Studien zur Bildungstheorie und Didaktik. Weinheim und Basel: Beltz 1975, S. 126–153.

Klafki, Wolfgang: Von der bildungstheoretischen Didaktik zu einem kritisch-konstruktiven Bildungsbegriff – Dialog mit Wolfgang Klafki. In: Born, Wolfgang/Otto, Gunter/Blankertz, Herwig u.a. (Hrsg.): Didaktische Trends. Dialoge mit Allgemeindidaktikern und Fachdidaktikern. München/Wien/Baltimore: Urban & Schwarzenberg 1978.

Klafki, Wolfgang: Die bildungstheoretische Didaktik im Rahmen kritisch konstruktiver Erziehungswissenschaft. In: Gudjons, Herbert/Teske, Rita/Winkel, Rainer (Hrsg): Didaktische Theorien. Hamburg: Bergmann + Helbig 1980, S. 11–26.

Klafki, Wolfgang: Gesellschaftliche Funktionen und pädagogischer Auftrag der Schule in einer demokratischen Gesellschaft. In: Braun, Karl-Heinz/Müller, Klaus/Odey, Reinhard (Hrsg.): Subjektivität Vernunft Demokratie. Analysen und Alternativen zur konservativen Schulpolitik. Weinheim und Basel: Beltz 1989, S. 4–33.

Klafki, Wolfgang: Neue Studien zur Bildungstheorie und Didaktik. Zeitgemäße Allgemeinbildung und kritisch-konstruktive Didaktik. 5. Aufl. Weinheim und Basel: Beltz 1996.

Klewitz, Elard/Mitzkat, Horst: Informeller/offener Unterricht in der Grundschule. In: Topsch, Wilhelm (Hrsg.): Unterricht in der Grundschule. Standardwerkwerk des Lehrers. Reihe: Grundschule. Bochum: Kamp 1982, S. 67–86.

Kretschmer, Horst/Stary, Joachim: Schulpraktikum. Eine Orientierungshilfe zum Lernen und Lehren. Berlin: Cornelsen Scriptor 1998.

Kron, Friedrich W.: Grundwissen Pädagogik. München/Basel: Reinhardt [3]1991.

Kron, Friedrich W.: Grundwissen Didaktik. München/Basel: Reinhardt [3]2000.

Lissmann, Urban: Die Schule braucht eine neue Pädagogische Diagnostik. Formen, Bedingungen und Möglichkeiten der Portfoliobeurteilung. In: Die Deutsche Schule. Zeitschrift für Erziehungswissenschaft, Bildungspolitik und pädagogische Praxis. 93 (2001), S. 486–497.

Memmert, Wolfgang: Didaktik in Grafiken und Tabellen. Bad Heilbrunn: Klinkhardt [3]1983.

Meyer, Hilbert: UnterrichtsMethoden 1. Theorieband. Berlin: Scriptor 1987.

Meyer, Hilbert: Türklinkendidaktik. Aufsätze zur Didaktik, Methodik und Schulentwicklung. Berlin: Cornelsen Verlag Scriptor 2001.

Meyer, Hilbert: Die bildungstheoretische Didaktik. In: Kiper, Hanna/Meyer, Hilbert/Topsch, Wilhelm: Einführung in die Schulpädagogik. Mit zwei Beiträgen von Renate Hinz. Berlin: Cornelsen Scriptor 2002, S. 64–75.

Meyer, Hilbert: Unterrichtsmethoden. In: Kiper, Hanna/Meyer, Hilbert/Topsch, Wilhelm: Einführung in die Schulpädagogik. Mit zwei Beiträgen von Renate Hinz. Berlin: Cornelsen Verlag Scriptor 2002, S. 109–121.

Miller, Reinhold: Beziehungsdidaktik. Weinheim und Basel: Beltz [3]1999.

Nauck, Joachim: Unterrichtsbeobachtung und Analyse. In: Hoof, Dieter (Hrsg.): Didaktisches Denken und Handeln. Eine Einführung in die Theorie des Unterrichts. Braunschweig: o.V. [2]1986, S. 23–45.

Nave, Karl-Heinz: Die allgemeine deutsche Grundschule. Ihre Entstehung aus der Novemberrevolution von 1918. Weinheim: Beltz 1961.

Nicolas, Bärbel: Offener Unterricht zum Schulanfang. Voraussetzungen, Beispiele für alle Fächer, Dokumentation der Lernergebnisse. Berlin: Cornelsen Scriptor 1997.

Oelkers, Jürgen: Studium als Praktikum? Illusionen und Aussichten der Lehrerbildung. 18.07.2000, redaktionelle Korrekturen: 01.07.2001 <http://www.sowi-online-journal.de/lehrerbildung/oelkers.htm>. [02.05.04].

Perrott, Elizabeth: Effective teaching. A practical guide to improving your teaching. London/New York: Longman 1982.

Peterßen, Wilhelm H.: Handbuch Unterrichtsplanung. Grundfragen, Modelle, Stufen, Dimensionen. München: Oldenbourg [8]1998.

Prior, Harm: Sozialformen des Unterrichts. In: Otto, Gunter/Schulz, Wolfgang (Hrsg.): Enzyklopädie Erziehungswissenschaft. Band 4. Stuttgart/Dresden: Klett 1995, S. 143–159.

Radtke, F.-O./Webers, H.-E.: Schulpraktische Studien und Zentren für Lehramtsausbildung. Eine Lösung sucht ihr Problem. In: Die Deutsche Schule (Weinheim), 90, (1998) 2, S. 199–216.

Ramseger, Jörg: Offener Unterricht in der Erprobung. Erfahrungen mit einem didaktischen Modell. Weinheim/München: Juventa [3]1992.

Rheinberg, Falko: Motivation. Stuttgart: Kohlhammer [3]2000.

Rolff, Hans-Günter/Zimmermann, Peter: Kindheit im Wandel. Eine Einführung in die Sozialisation im Kindesalter. Weinheim und Basel: Beltz [6]2001.

Roth, Heinrich: Pädagogische Psychologie des Lehrens und Lernens [1957]. Hannover: Schroedel [10]1967.

Roth, Heinrich: Die Bedeutung der empirischen Forschung für die Pädagogik. In: Oppolzer, Siegfried (Hrsg.): Denkformen und Forschungsmethoden der Erziehungswissenschaft. Band 2. Forschungsmethoden. München: Ehrenwirth 1969.

Roth, Heinrich: Einleitung und Überblick. In: Roth, Heinrich (Hrsg.):Begabung und Lernen. Ergebnisse und Folgerungen neuer Forschungen. Stuttgart: Klett [2]1969, S. 17–67.

Sacher, Werner: Gedanken von Anfängern zur Unterrichtsplanung. Augsburg: Philosophische Fakultät I der Universität Augsburg 1992.

Schäfer, Karl-Heinz: Didaktik. In: Lexikon der Pädagogik. Neue Ausgabe in vier Bänden. Band 1. Hrsg. vom Willmann-Institut. Freiburg/Basel: Herder 1970, S. 298.

Schäfer, Karl-Hermann/Schaller, Klaus: Kritische Erziehungswissenschaft und kommunikative Didaktik. Heidelberg: Quelle und Mayer [2]1973.

Schaller, Klaus: Einführung in die Kommunikative Pädagogik. Ein Studienbuch. Freiburg: Herder 1978.

Schiefele, Hans: Brauchen wir eine Motivationspädagogik? In: Zeitschrift für Pädagogik 39 (1993) 2, S. 177–186.

Schmitt, Rudolf: Ausbildung für die Grundschule. Studium – Vorbereitungsdienst – Fort- und Weiterbildung. Frankfurt: Arbeitskreis Grundschule 1994, S. 17.

Schulz, Wolfgang: Unterricht – Analyse und Planung. In: Heimann, Paul/Otto, Gunter/Schulz, Wolfgang (Hrsg.).: Unterricht – Analyse und Planung. Hannover: Schroedel 1965.

Schulz, Wolfgang: Aufgaben der Didaktik. Eine Darstellung aus lehrtheoretischer Sicht [1969]. In: Kochan, Detlef C. (Hrsg.): Allgemeine Didaktik, Fachdidaktik, Fachwissenschaft. Ausgewählte Beiträge aus den Jahren 1953 bis 1969. Darmstadt: Wissenschaftliche Buchgesellschaft 1972, S. 403–440.

Schulz, Wolfgang: Unterrichtsplanung. Mit Materialien aus Unterrichtsfächern. München/Wien/Baltimore: Urban & Schwarzenberg [3]1981.

Schulz, Wolfgang: Unterrichtsmethoden: Phasen und Formen. In: Otto, Gunter/Luscher-Schulz, Gerda (Hrsg.): Wolfgang Schulz. Anstiftung zum didaktischen Denken. Unterricht-Didaktik-Bildung. Weinheim und Basel: Beltz 1996, S. 151–167.

Schwartz, Erwin: Auftrag und Ziele der Grundschule. In: Topsch, Wilhelm (Hrsg.): Unterricht in der Grundschule. Standardwerk des Lehrers. Reihe: Grundschule. Bochum: Kamp 1982, S. 3–31.

Singer, Kurt: Lehrer-Schüler-Konflikte gewaltfrei regeln. Erziehungsschwierigkeiten und Unterrichtsstörungen als Beziehungs-Schwierigkeiten bearbeiten. Weinheim und Basel: Beltz [5]1996.

Spitzer, Dean R.: Motivation: The Neglected Factor in Instructional Design. In: Educational Technology. 36 (1996) H. 3, S. 45–49.

Spranger, Eduard: Der geborene Erzieher. Heidelberg: Quelle u. Meyer 1958.

Steindorf, Gerhard: Einführung in die Schulpädagogik. Bad Heilbrunn: Klinkhardt 1972.

Stöcker, Karl: Neuzeitliche Unterrichtsgestaltung. München: Ehrenwirth [13]1970.

Terhart, Ewald: Lehr-Lern-Methoden. Eine Einführung in Probleme der methodischen Organisation von Lehren und Lernen. Weinheim/München: Juventa [2]1997.

Terhart, Ewald (Hrsg.): Perspektiven der Lehrerbildung in Deutschland. Abschlussbericht der von der Kultusministerkonferenz eingesetzten Kommission. Weinheim und Basel: Beltz 2000.

Topsch, Wilhelm (Hrsg.): Unterricht in der Grundschule. Bochum: Kamp 1982.

Topsch, Wilhelm: Leitfaden: Examensarbeit. Anregungen und Beispiele. Neuwied/Kriftel/Berlin: Luchterhand 2000.

Topsch, Wilhelm: Beobachten im Unterricht. In: Kiper, Hanna/Meyer, Hilbert/Topsch, Wilhelm: Einführung in die Schulpädagogik. Mit zwei Beiträgen von Renate Hinz. Berlin: Cornelsen Scriptor 2002, S. 97–108.

Topsch, Wilhelm: Leistung messen und bewerten. In: Kiper, Hanna/Meyer, Hilbert/Topsch, Wilhelm: Einführung in die Schulpädagogik. Mit zwei Beiträgen von Renate Hinz. Berlin: Cornelsen Scriptor 2002, S. 134–146.

Topsch, Wilhelm: Praxis in der Lehrerbildung. In: Blömeke, Sigrid u.a. (Hrsg.): Handbuch Lehrerbildung. Bad Heilbrunn: Klinkhardt 2004a, S. 476–487.

Topsch, Wilhelm: Einführung in die Grundschulpädagogik. Berlin: Cornelsen Scriptor 2004b.

Uhlig, Albert: Komponenten der Unterrichtsgestaltung. Drei Beiträge zu einer wissenschaftlichen Grundlegung des Unterrichts. Berlin: Volk und Wissen 1960.

United Nations Educational, Scientific and Cultural Organization: Recommendation concerning the status of teachers. Adopted by the Special Intergovernmental Conference on the Status of Teachers. Paris, 5. October 1966. London: Department of Education and Science. 1968.

Vorsmann, Norbert: Wege zur Unterrichtsbeobachtung und Unterrichtsforschung. Düsseldorf: Henn 1972.

Weigert, Hildegunde/Weigert, Edgar: Schülerbeobachtung. Ein pädagogischer Auftrag. Weinheim und Basel: Beltz [2]1996.

Weißbrodt, Werner: Motivation im Unterricht. In: Frommer, Helmut (Hrsg.): Handbuch Praxis des Vorbereitungsdienstes. Düsseldorf: Schwann [3]1986, S. 137–157.

Wiechmann, Jürgen: Unterrichtsmethoden – Vom Nutzen der Vielfalt. In: Wiechmann, Jürgen (Hrsg.): Zwölf Unterrichtsmethoden. Vielfalt für die Praxis. Weinheim und Basel: Beltz 1999, S. 9–19.

Winkel, Rainer: Die kritisch-kommunikative Didaktik. In: Gudjons, Herbert/Teske, Rita/Winkel Rainer (Hrsg.): Didaktische Theorien. Hamburg: Bergmann + Helbig 1980, S. 79–93.

Sachregister

Handlungsorientierter Schriftspracherwerb

Eine Bündelung methodischer Fragen und bewährter Praxisanregungen. Gerade nach den PISA-Ergebnissen eine unerlässlich Kompetenz der Lehrer/innen. Kenntnisse über den Schriftspracherwerb, ihre Umsetzung in unterschiedlichen Lernsituationen sowie ihre Anwendung im Rahmen individueller Förderung gehören zur Grundkompetenz aller Lehrerinnen und Lehrer. Dieses Buch stellt das notwendige Basiswissen zur Verfügung: Es erörtert die relevanten methodischen Fragen und bündelt bewährte Praxisanregungen für einen handlungsorientierten Schriftspracherwerb. Mit seinem profunden Überblick eröffnet es zugleich Diskussionspositionen für kollegiale Gespräche.

Wilhelm Topsch
**Grundkompetenz
Schriftspracherwerb**
Methoden und handlungsorientierte
Praxisanregungen.
Studientexte für das Lehramt, Band 5.
Herausgegeben von Eiko Jürgens.
2., überarb. und erweiterte Auflage 2005.
167 Seiten. Broschiert.
ISBN 978- 3-407-25368-2

 Beltz Verlag · Postfach 100154 · 69441 Weinheim

Weitere Infos und Ladenpreis: www.beltz.de